О РОССИИ...
ПО-РУССКИ

Учебное пособие
для иностранных студентов

РЯ
РУССКИЙ ЯЗЫК
КУРСЫ

Москва
2020

УДК 811.161.1
ББК 81.2Рус-96
О-11

Ассоциация
книгоиздателей России

Авторский коллектив:

Жеребцова Ж. И.: вводный урок «Русская культура: истоки, развитие, наследие», «Быт народов России», «Масленица», «Современная российская семья: проблемы и ценности», «Семь чудес России»;

Холодкова М. В.: «Русская национальная кухня», «Образование в России», «Памятники великим людям России», итоговый урок «Добро пожаловать в Россию!»;

Толмачёва О. В.: «Новый год», «Рождество», «8 Марта», «Пасха», «День Победы», «Праздничный калейдоскоп»;

Дубровина Е. В.: «Музыка и хореография», «Искусство русского слова», «Русская живопись», «Религии России»;

Дзайкос Э. Н.: «Русский характер»;

Мизис И. Ю.: «Народные промыслы России»;

Дьякова Т. А.: «Золотое кольцо России»

О России по-русски: учебное пособие для иностранных студентов / Ж. И. Жереб-
О-11 цова, М. В. Холодкова, О. В. Толмачёва, Е. В. Дубровина, Э. Н. Дзайкос, И. Ю. Мизис,
Т. А. Дьякова. — М.: Русский язык. Курсы, 2020. — 248 с.: ил.

ISBN 978-5-88337-837-8

Цель учебного пособия «О России по-русски» — познакомить иностранцев с национально-культурным многообразием России, её историей и современностью, воплощёнными в фольклоре, живописи, архитектуре, литературе, традициях, уникальных природных памятниках и т. д.

Пособие рассчитано на 72 часа аудиторной работы, содержит 19 уроков, а также вводный и итоговый уроки; направлено на совершенствование у иностранных учащихся, владеющих русским языком в объёме уровней В1–В2, языковой, коммуникативной, культуроведческой и межкультурной компетенций.

Аудиоматериалы доступны для скачивания и прослушивания через QR-код.

УДК 811.161.1
ББК 81.2Рус-96

ISBN 978-5-88337-837-8

Предисловие

Цели и задачи. Знакомство иностранных учащихся с культурой России при изучении русского языка является важной составляющей формирования языковой, коммуникативной, культуроведческой и межкультурной компетенций. Задача учебного пособия *«О России по-русски»* — показать культурное многообразие России, широкую географию, богатую историю, многонациональность, особенности быта, занятий, традиций и обычаев. В пособии реализована практика отбора и презентации культуроведческого и страноведческого материала при помощи интерактивных приёмов и технологий обучения русскому языку в иностранной аудитории. Формирование представлений о национально-культурной специфике России реализуется в аспекте изучения русского языка.

Подходы и принципы. Использование учебного пособия «О России по-русски» на занятиях по русскому языку как иностранному осуществляется в рамках коммуникативно-деятельностного, функционального, лингвокультуроведческого, лингвострановедческого подходов к обучению. Организация учебного материала учитывает в качестве ведущего принцип взаимосвязанного обучения всем видам речевой деятельности и коммуникативную направленность обучения. Задания пособия направлены на развитие и совершенствование у инофонов речевых умений в области чтения, аудирования, говорения (монологической и диалогической речи), письма. В учебном пособии учитывается потребность обучающихся в демонстрации собственной национальной идентичности и презентации родной культуры, которая должна реализовываться на занятиях посредством русского языка. Материал учебного пособия способствует организации диалога культур.

Структура и содержание. Учебное пособие состоит из четырёх тематических разделов, вводного и итогового уроков.

Содержание вводного урока направлено на знакомство с процессом становления русской культуры, известными деятелями культуры и науки, которые оказали значительное влияние на формирование русской культуры, образцами произведений различных видов искусства.

Раздел *«Русский мир в искусстве»* посвящён изучению творческого наследия великих русских композиторов, художников, писателей и поэтов, специфики декоративно-прикладного искусства.

Раздел *«Истоки русской души»* раскрывает самобытность русской культуры, показывает духовную составляющую российских народов: религии, традиционные занятия, быт, национальную кухню, характер — и демонстрирует образцы проявления православной культуры в религиозных архитектурных памятниках, способы популяризации традиционных русских мероприятий, туристические маршруты.

Раздел *«Праздничные традиции россиян»* включает сведения об основных государственных и религиозных праздниках, их значении и традициях.

Раздел *«Преемственность поколений»* раскрывает замысел пособия с позиции передачи, сохранения и преумножения опыта и знаний от поколения к поколению.

Итоговый урок призван систематизировать полученные представления о русской культуре, обозначить перспективы дальнейшего изучения русского языка в аспекте русской культуры.

Методы и технологии. В пособии используются такие *интерактивные* педагогические *технологии*, как беседа, дискуссия, метод проектов, кейс-технология (анализ проблемных ситуаций), командные и ролевые игры, квест, создание синквейнов, включена работа с инфографикой, диаграммами, лентой времени, облаками слов. Учебные речевые ситуации предусматривают погружение иностранцев в российскую действительность. Для осуществления речевого межкультурного взаимодействия отобраны коммуникативные задачи, с которыми сталкиваются иностранцы при посещении России. Для наиболее эффективной организации процесса обучения речевому общению в пособии предлагаются *речевые модели* — коммуникативно-речевые блоки, соответствующие определённому функционально-семантическому типу текста. Они служат основой формирования высказывания по изучаемой теме в соответствии с коммуникативным заданием. Распределение учебного материала в рамках урока — от актуализации лексико-грамматических знаний к совершенствованию речевых умений.

Рубрики и блоки. В структуре уроков учебного пособия выделены рубрики для более чёткой организации учебного материала. Каждый урок открывает рубрика *«Давайте обсудим»*, предполагающая активизацию учащихся, выявление имеющихся экстралингвистических знаний, введение в тему. С целью повторения грамматики и систематизации языковых знаний в рубрике *«Грамматическая подсказка»* приводится материал, задействованный на уроке и являющийся основой для совершенствования речевых навыков в рамках изучаемой темы. В рубрике *«Это интересно»* предлагается информация культуроведческого характера, способствующая углублению знаний и расширению представлений о России. Данные сведения могут быть изложены преподавателем в аудитории в устной форме и дополнены комментариями. Все уроки завершаются рубрикой *«Подводим итоги»*, включающей вопросы рефлексивного характера. Некоторые задания объединены в блоки, что позволяет преподавателю при фрагментарной работе с учебным пособием сконцентрироваться на отдельной группе заданий, подчинённых одной задаче, или, наоборот, исключить их.

Аудитория и сроки. Учебное пособие предназначено для иностранных учащихся, владеющих русским языком в объёме уровней **В1–В2**, и рассчитано на освоение в течение **72** учебных часов, включая самостоятельное (групповое и индивидуальное) выполнение заданий проектного типа. Пособие может быть рекомендовано при обучении иностранных граждан на курсах русского языка в российских и зарубежных образовательных учреждениях. Материал книги будет полезен в качестве дополнительной учебной литературы для осваивающих русский язык как неродной, второй родной, а также как источник учебно-методической информации для студентов, изучающих теоретические и практические основы методики преподавания русского языка как иностранного.

Ж. И. Жеребцова

Условные обозначения

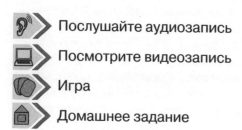

Послушайте аудиозапись

Посмотрите видеозапись

Игра

Домашнее задание

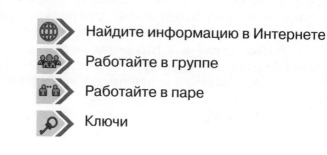

Найдите информацию в Интернете

Работайте в группе

Работайте в паре

Ключи

ВВОДНЫЙ УРОК

Русская культура: истоки, развитие, наследие

Лексика виды искусства • духовные и материальные ценности • формирование культуры • история • культурное наследие • творчество • достижения • музеи • символы страны

Грамматика выражение принадлежности

Речевые ситуации сообщения о ходе развития культуры, биографической информации, творческом наследии, вкладе в искусство

ДАВАЙТЕ ОБСУДИМ

1. Какие ассоциации вызывает у вас слово *культура*?

2. Как вы объясните, что такое *культура*?

3. Согласны ли вы с высказыванием: «Культура — это всё, что создано человеком, то есть не является природой»? Подтвердите своё мнение примерами.

4. Рассмотрите облака слов. Подберите общее слово для каждой группы и сформулируйте, о чём пойдёт речь в этой книге.

На каждом уроке вы будете узнавать Россию с разных сторон. Познакомитесь с культурой, музыкой, живописью, литературой, религиями, особенностями семейной жизни, кулинарными традициями, русским характером, занятиями россиян, системой образования, памятниками, удивительными местами и многими другими интересными фактами.

Задание 1.

А. Как вы понимаете выражение:

«Культура — это сумма материальных и духовных ценностей[1]»?

Рассмотрите изображения. Какие из них демонстрируют материальные ценности, какие — духовные, а какие одновременно оба типа ценностей? Объясните ваше мнение.

---
[1] **Це́нность** (цена, ценить, ценно) — это то, чему человек назначает высокую цену, чем он дорожит, что для него важно, значимо, что создано большим трудом.

Б. Скажите, как называются данные виды искусства. Подпишите изображения на с. 6.

Слова для справок: балет, музыка, архитектура, литература, живопись, скульптура, декоративно-прикладное искусство, кино, театр.

В. Напишите, какие ещё виды искусства вы знаете.

Задание 2.

А. Рассмотрите ленту времени. Познакомьтесь с некоторыми историческими фактами, которые повлияли на развитие русской культуры. Что вы знаете об этих событиях? С какими именами они связаны?

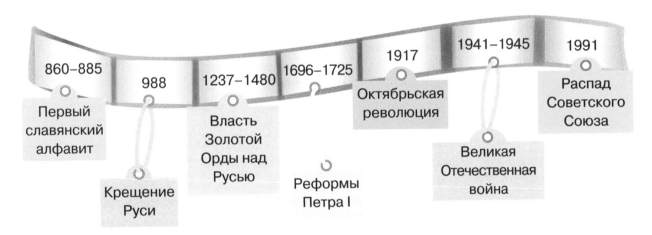

Б. Прочитайте слова и запомните их значение.

разви́тие = эволюция

преобразова́ть = сделать лучше

разру́шить = сломать

вы́жить = остаться в живых

происходи́ть = случаться

мощь, власть = сила

напада́ть = атаковать

зави́симость = несвобода

В. Прочитайте части текста и расположите их в хронологическом порядке согласно ленте времени.

[ ] А. Россия встала на новый путь развития. Главную роль в этом сыграли реформы русского царя Петра Первого. Он преобразовал Россию в разных областях: военной, финансовой, торговой, культурной, церковной и др.

[ ] Б. Произошёл распад Советского Союза. Начался новый этап развития России.

[ ] В. Великая Отечественная война унесла жизни миллионов советских граждан и разрушила страну, но сильный русский характер помог людям выжить, поднять экономику, сохранить свою культуру и снова сделать Россию сильным государством.

[ ] Г. Современная Россия — государство нового типа, главная ценность которого — общность народов России.

Кирилл и Мефодий, г. Тверь
Скульптор М. Соломатин

[ ] Д. Византийские монахи Кирилл и Мефодий создали первый славянский алфавит, чтобы перевести с греческого языка главную христианскую книгу — Библию.

[ ] Е. Произошла Октябрьская революция. Этот год стал важным для истории России. Последовали изменения в политике, общественной жизни, военном деле, экономике, аграрном хозяйстве, культуре. В 1922 году был образован Союз Советских Социалистических Республик — крупнейшее государство мира по площади, второе — по экономической и военной мощи и третье — по численности населения.

[ ] Ж. Монгольский хан Батый напал на Русь. Долгие годы Русь находилась в политической и экономической зависимости от Золотой Орды. За это время Русь очень ослабла, но труд народа, объединение русских земель привели к тому, что она усилилась и укрепилась.

[ ] З. Состоялось Крещение Руси. Благодаря князю Владимиру государственной религией стало христианство. Русь приняла православие. Церковь стала центром общественной жизни. Большую роль в развитии письменности играли монастыри[1], которые были центром духовной жизни. События записывали по годам в летописях[2].

Задание 3. Скажите, какие события повлияли на развитие русской культуры.

Для ответа используйте речевые **модели**:

> **На что** (№ 4) повлияло **что** (№ 1).
> Важным событием было/стало **что** (№ 1).
> **После чего** (№ 2) последовали изменения **в чём** (№ 6).
> Россия стала **каким** государством / **какой** страной (№ 5).

---

[1] **Монасты́рь** — сооружение, где живут монахи. Монах — это человек, который посвятил свою жизнь служению Богу.
[2] **Ле́топись** — исторический документ XI–XVII веков. Из летописей можно много узнать о русской истории и жизни русского народа.

Задание 4.

А. Рассмотрите иллюстрации с изображением людей, которые внесли большой вклад в развитие русской истории и культуры. Прочитайте подписи. Кого из них вы уже знаете?

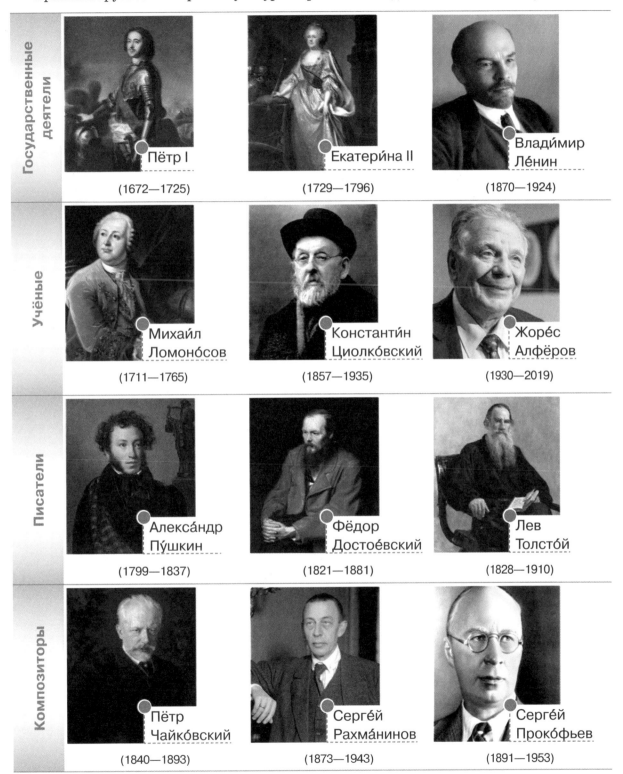

Государственные деятели

Пётр I
(1672—1725)

Екатери́на II
(1729—1796)

Влади́мир Ле́нин
(1870—1924)

Учёные

Михаи́л Ломоно́сов
(1711—1765)

Константи́н Циолко́вский
(1857—1935)

Жоре́с Алфёров
(1930—2019)

Писатели

Алекса́ндр Пу́шкин
(1799—1837)

Фёдор Достое́вский
(1821—1881)

Лев Толсто́й
(1828—1910)

Композиторы

Пётр Чайко́вский
(1840—1893)

Серге́й Рахма́нинов
(1873—1943)

Серге́й Проко́фьев
(1891—1953)

Художники

Ива́н
Ши́шкин
(1832—1898)

Васи́лий
Су́риков
(1848—1916)

Васи́лий
Канди́нский
(1866—1944)

Скульпторы

Михаи́л
Козло́вский
(1753—1802)

Ве́ра
Му́хина
(1889—1953)

Алекса́ндр
Рукави́шников
02.10.1950

Архитекторы

Матве́и
Казако́в
(1738—1812)

Алексе́й
Щу́сев
(1873—1949)

Лев
Ру́днев
(1885—1956)

Певцы

Фёдор
Шаля́пин
(1873—1938)

Людми́ла
Зы́кина
(1929—2009)

Дми́трий
Хворосто́вский
(1962—2017)

Артисты балета

Гали́на Ула́нова (1909—1998)

Ма́йя Плисе́цкая (1925—2015)

Никола́й Цискари́дзе 31.12.1973

Музыканты

Мстисла́в Ростропо́вич (1927—2007)

Вале́рий Ге́ргиев 02.05.1953

Дени́с Мацу́ев 11.06.1975

Кинорежиссёры

Серге́й Эйзенште́йн (1898—1948)

Серге́й Бондарчу́к (1920—1994)

Ники́та Михалко́в 21.10.1945

Киноактёры

Ю́рий Нику́лин (1921—1997)

Но́нна Мордю́кова (1925—2008)

Евге́ний Миро́нов 29.11.1966

Б. Какие ещё знаменитые люди России вам известны? В какой ряд вы поместили бы их фото?

Задание 5. ИГРА «Таланты» (Приложение 1).

Познакомимся с творчеством некоторых известных людей России.

Правила: Каждый участник не глядя берёт одну карточку, на которой написаны номер, задание и краткая информация, и никому это не сообщает. На выполнение задания даётся 3–5 минут. Далее участники по очереди демонстрируют группе выполненное задание, записывая на доске его номер, но не называя произведение/исполнителя. Остальные участники должны догадаться, что это, и вписать номер задания в таблицу «Русские таланты». В завершение таблица проверяется совместно: каждый участник сообщает информацию об авторе/исполнителе из своей карточки. За каждое соответствие присуждается 1 балл. Побеждает тот, кто заполнит всю таблицу правильно.

||| ГРАММАТИЧЕСКАЯ ПОДСКАЗКА

что кого (чей, чья, чьё, чьи) (№ 2) = **Что** принадлежит **кому** (№ 3)

Картин**а** художник**а** Иван**а** Шишкин**а**. =
Картин**а** принадлежит художник**у** Иван**у** Шишкин**у**.

Русские таланты	№
Это танцует Майя Плисецкая	
Это играет Денис Мацуев	
В роли выступает Юрий Никулин	
Это стихи Александра Пушкина	
Это скульптуры Веры Мухиной	
Это фильм Никиты Михалкова	
Это дворцово-парковый ансамбль по проекту Матвея Казакова и Василия Баженова	
Это музыка Сергея Рахманинова	
Это картины Ивана Шишкина	
Это поёт Людмила Зыкина	

Задание 6. ИГРА «Кто чем знаменит» (Приложение 2).

Правила: В игре участвуют две команды, для каждой из них необходим полный комплект карточек. Карточки предварительно нужно перемешать.

Задача: найти соответствия, определив по тексту, о каком известном человеке идёт речь.

За каждое соответствие присуждается 1 балл. Побеждает та команда, которая наберёт большее количество баллов.

Задание 7. Найдите информацию об одном из известных людей, сделайте презентацию и подготовьте устное сообщение.

Дми́трий Хворосто́вский	Ю́рий Гага́рин	Михаи́л Ломоно́сов
Серге́й Эйзенште́йн	Лев Толсто́й	Константи́н Станисла́вский
Жоре́с Алфёров	Анто́н Че́хов	Дми́трий Менделе́ев

При подготовке сообщения ориентируйтесь на следующий **план** и речевые **модели**:

1. Одним из известных людей России является **кто**.

2. Его полное имя … .

3. Кто это?

    Кто является **кем** (№ 5).

    Кто является одним **из кого** (№ 2, мн. ч.).

4. Детство

    Кто родился **когда** (какого числа, месяца, года) **где** (№ 6), в **какой** семье.

    Отец был **кем** (№ 5), мать занималась **чем** (№ 5).

    Семья жила **где** (№ 6).

5. Учёба

    Кто учился **где** (№ 6).

    Кто окончил **что** (№ 4).

    Кто увлекался/интересовался **чем** (№ 5).

6. Деятельность

    Кто работал **где** (№ 6).

    Кто занимался **чем** (№ 5).

    Кто уделял много времени **чему** (№ 3).

    Кто работал **над чем** (№ 5).

7. Наследие

    Кто внёс большой вклад **во что** (№ 4).

    Творчеству **кого** (№ 2) принадлежит **что** (№ 1).

    Кто создал **что** (№ 4).

Задание 8.

А. Ценные произведения искусства, предметы и документы, имеющие культурное, научное, историческое значение, хранятся в музеях. В России более 2000 музеев. Познакомьтесь с самыми известными из них. Прочитайте информацию, выделите главные моменты, которые доказывают значимость данных музеев для России.

Для ответа используйте вопросный **план**:

1. Как называется?
2. Где находится?
3. Кем и когда основан?
4. Что в нём хранится?

Эрмита́ж (Санкт-Петербург)

Музей изобразительного и декоративно-прикладного искусства. Основан императрицей Екатериной II в 1764 году. Второй по величине художественный музей в мире. Главный музейный комплекс включает в себя шесть связанных между собой зданий. Для посещения открыты 365 залов. Коллекция музея насчитывает около трёх миллионов произведений искусства и памятников мировой культуры.

Третьяко́вская галере́я (Москва)

Главный музей национального искусства России. Основан в 1856 году купцом Павлом Третьяковым. Галерея насчитывает более 180 000 экспонатов и включает в себя предметы живописи, скульптуры, изделия из драгоценных металлов, произведения декоративно-прикладного искусства. Среди них — шедевры изобразительного искусства мирового значения.

Госуда́рственный истори́ческий музе́й (Москва)

Крупнейший национальный исторический музей России, собрание которого наиболее полно отражает её многовековую историю и культуру с древнейших времён до наших дней. Основан по указу императора Александра II в 1872 году. В музее представлены крупнейшие в стране собрания монет, уникальных старых рукописей и книг, важные для истории памятники археологии, оружие и бесценные произведения искусства.

Ру́сский музе́й (Санкт-Петербург)

Первый в стране государственный музей русского изобразительного искусства. Его коллекция насчитывает более 400 000 экспонатов и представляет историю культуры более чем за тысячу лет. Основан в 1895 году по указу императора Николая II. Сейчас это огромный музейный комплекс, состоящий из нескольких зданий и парков. В музее собрано огромное количество художественных произведений мирового значения.

Б. Посетите официальные сайты данных музеев. Совершите виртуальные экскурсии. Обсудите на уроке.

Задание 9.

А. В разных городах России много необычных музеев. Прочитайте названия некоторых из них и предположите, что в них хранится.

Музейный комплекс «Вселенная воды» в Санкт-Петербурге
Бункер-42 на Таганке в Москве
Музей занимательных наук «ЭйнштейниУм» в Краснодаре
Музей счастливого детства в Казани
Музей янтаря в Калининграде
Музей утюга в Переславле-Залесском
Музей мамонта в Якутске
Музей кружева в Вологде
Музей ложки во Владимире
Музей самовара в Туле

Б. Найдите информацию об этих музеях. Расскажите, в чём уникальность каждого из них.

Чтобы осмотреть все экспонаты Эрмитажа в Санкт-Петербурге, уделив каждому всего одну минуту, придётся ходить в музей, как на работу, в течение 25 лет.

Задание 10.

А. Развитие культуры тесно связано с историей страны. Одни традиции сохраняются, другие — уходят в прошлое, вместо них появляются новые. Как вы считаете, нужно ли сохранять традиции и почему?

В ответе используйте **модель**:

> Дорожить **чем** (№ 5) = быть важным, значимым **для кого** (№ 2)
>
> *Человек дорожит (Я дорожу) традициями. =*
> *Традиции важны, значимы для человека (для меня).*

Б. Расскажите, какие традиции существуют в вашей стране.

В. Какие русские традиции вы знаете?

Задание 11.

А. Скажите, какие ассоциации вызывает у вас слово *Россия*. Какие символы России вам известны?

Б. Посмотрите на фотографию. Знаете ли вы, как называется это дерево? Прочитайте текст и скажите, какое значение на протяжении веков имело берёза в жизни русского человека. Подтвердите это фактами из текста.

Берёза — один из символов России. В жизни русского человека она всегда имела большое значение. Берёзу использовали в хозяйстве, народной медицине, строительстве, промыслах. Русские писатели и поэты воспевали её в прозе и стихах; художники изображали на картинах; русских композиторов она вдохновляла на создание прекрасной музыки; народ прославлял её в песнях, загадках, где берёза — символ весны, родины, девичьей красоты.

В. Найдите и посмотрите видеозапись выступления всемирно известного Государственного академического хореографического ансамбля «Берёзка». Как вы думаете, почему хореографический ансамбль так называется?

Хореографический ансамбль «Берёзка» был создан в 1948 году выдающимся хореографом XX века Надеждой Надеждиной. Танцевальный коллектив считается национальным достоянием России, на протяжении многих десятилетий своим танцем он рассказывает миру о том, что такое красота по-русски.

Г. Расскажите, что является символом культуры вашей страны.

ПОДВОДИМ ИТОГИ

✓ Какие ассоциации вызывает у вас понятие *культура России*?
✓ Какими прилагательными вы могли бы охарактеризовать культурное наследие России (*какое?*)?
✓ Какой вид искусства вам нравится больше всего? Почему?
✓ О чьём творчестве или чьих достижениях вы хотели бы узнать больше?
✓ Расскажите о людях, которые внесли большой вклад в культуру вашей страны.

РУССКИЙ МИР В ИСКУССТВЕ

УРОК 1

Музыка и хореография

Лексика	музыкальные инструменты и жанры
Грамматика	сравнительная степень прилагательных
Речевые ситуации	описание впечатлений от прослушанной музыки • сообщение биографических сведений, информации о жизни и творчестве композиторов, собственном отношении к музыкальному произведению

/// ДАВАЙТЕ ОБСУДИМ

1. Какую музыку вы любите?
2. Часто ли вы посещаете музыкальные мероприятия?
3. Рассмотрите схему и скажите, чем отличаются друг от друга музыкальные направления.
4. Какую музыку и в каких ситуациях вы слушаете?

Например: Я слушаю классическую музыку, когда мне грустно.

Народная

Музыка

Современная

Классическая

Задание 1.

А. Рассмотрите иллюстрации. Подпишите, как называются эти музыкальные инструменты.

Слова для справок: скрипка, баян, арфа, флейта, барабаны, фортепиано, гитара, балалайка, труба.

Б. На каких из этих музыкальных инструментов исполняют народную музыку, классическую, современную?

Задание 2. Найдите и послушайте русские народные песни «Калинка» и «Во поле берёза стояла». Определите, какие прилагательные из облака слов характеризуют русскую народную песню. Дополните своими характеристиками.

драматичная душевная
напевная **громкая**
бодрая лиричная
скучная
мелодичная однообразная звонкая
лёгкая

Задание 3.

А. Образуйте слова по образцу.

Образец: пианино — пианист; скрипка — скрипач.

Флейта, гитара, баян, виолончель, гармонь, саксофон, труба.

Б. Сравните звучание указанных музыкальных инструментов.

ГРАММАТИЧЕСКАЯ ПОДСКАЗКА

Прилагательное	Сравнительная степень
добрый	добр**ее** **более** (**менее**) добрый
тихий	тиш**е** **более** (**менее**) тихий

Задание 4.

А. Соедините слово с его значением.

аккомпанировать (*кому? на чём?*) ●	а) повторять произведения перед концертом
исполнять (песню, музыку) ●	б) высшее учебное заведение, в котором получают музыкальное образование
композитор ●	в) петь песню, играть музыкальное произведение
репетировать (*что?*) ●	г) играть на музыкальном инструменте, когда кто-нибудь, например, поёт
выступать (*где?*) ●	д) автор музыки
консерватория ●	е) петь, играть на музыкальном инструменте, танцевать на сцене перед публикой

Б. Составьте предложения со словами из первого столбика.

Задание 5. Прочитайте за преподавателем слова и словосочетания, которые встретятся в тексте задания 6. Уточните значение незнакомых слов в словаре или у преподавателя.

Кама, Удмуртия, Воткинск, Чайковский, заводской город, машиностроительный завод, угасать, замечательно, двухэтажный дом, заботливый, звучать, преподавать в консерватории, концертный зал, равнодушный, духовно богаче.

Задание 6. Прочитайте и озаглавьте текст. Задайте друг другу 2-3 вопроса по тексту.

Недалеко от реки Камы в Удмуртии есть старый заводской город — Воткинск, известный своим машиностроительным заводом, но не только им. В 1840 году 7 мая здесь в двухэтажном доме в семье горного инженера, директора завода, родился Петя Чайковский, будущий композитор. Восемь лет он прожил в этом городе в дружной, заботливой семье. Музыка всегда звучала вокруг него. Мать его, Александра Андреевна, замечательно играла на рояле и пела. Играл на флейте и пел отец. Музыке Пётр Ильич начал учиться с детства. Но серьёзно стал заниматься ею только в 21 год в Петербурге. Позже, уже в Москве, Чайковский начал преподавать в консерватории и, конечно же, писать музыку, известную теперь во всём мире.

Давно нет Петра Ильича, но память о нём не угасает. В центре Москвы находятся улица и концертный зал, которые носят имя великого композитора. В России есть город, названный в его честь, — Чайковский. Ежегодно в Москве проводится конкурс имени П. И. Чайковского, на который приезжают музыканты из разных стран мира. Музыка Чайковского не устаревает, она не оставляет равнодушными людей во всём мире, делает человека добрее, духовно богаче и чище.

Пётр Ильич Чайковский
Художник Н. Кузнецов

Задание 7. Ответьте на вопросы «да» или «нет» в соответствии с содержанием текста. Исправьте неверные предложения.

1. Город Воткинск знаменит только своим заводом.
2. Пётр Ильич родился в бедной семье.
3. Его мать прекрасно играла на флейте.
4. Его отец хорошо пел.
5. П. И. Чайковский начал преподавать в Петербурге.
6. Его музыка понятна только русским.

Задание 8. Продолжите предложения.

1. Восемь лет Пётр Чайковский прожил в городе Воткинске в …
2. Музыке Пётр Ильич начал учиться …
3. Давно нет Петра Ильича, но память о нём …
4. В Москве ежегодно проводится конкурс …
5. Музыка Чайковского делает человека добрее, …

ЭТО ИНТЕРЕСНО

Кембриджский университет без защиты диссертации удостоил Петра Ильича Чайковского звания доктора музыки, а Академия изящных искусств Парижа избрала его своим членом-корреспондентом.

Задание 9. Послушайте текст. Ответьте на вопросы, используя данные **модели** в соответствующей форме:

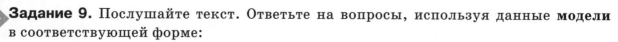

> **Кто** интересуется **чем** (№ 5).
> **Кто** восхищается **чем** (№ 5).
> **Кто** собирает **что** (№ 4).
> **Кто** радуется **чему** (№ 3).

1. Сколько лет было Чайковскому, когда он начал писать музыку?
2. Где учился П. И. Чайковский?
3. В каком году он начал работать в консерватории?

4. Чем интересовался П. И. Чайковский?
5. Чем он восхищался?
6. Что он собирал?
7. Чему он умел радоваться?

Задание 10. Найдите соответствия.

симфония ●	а) спектакль, где артисты не говорят, а поют под музыку оркестра
балет ●	б) большое музыкальное произведение для оркестра
опера ●	в) группа музыкантов, которые вместе исполняют музыкальное произведение на разных инструментах
оперетта ●	г) спектакль, в котором артисты и говорят, и танцуют, и поют под музыку оркестра
оркестр ●	д) спектакль, где артисты не говорят, а танцуют под музыку оркестра

Задание 11. Перед вами список важнейших произведений Чайковского. Скажите, в каком году они были созданы.

Используйте конструкцию: ... был(а) создан(а)/написан(а) ...

Первый концерт для фортепиано с оркестром	1875
Балет «Лебединое озеро»	1876
Четвёртая симфония	1877
Опера «Евгений Онегин»	1878
Опера «Пиковая дама»	1890
Балет «Щелкунчик»	1892
Шестая симфония	1893

Задание 12. Прочитайте слова, которыми можно охарактеризовать музыкальное произведение. Дополните другими прилагательными.

Сильное, яркое, эмоциональное, динамичное, медленное, впечатляющее, скучное, весёлое, грустное, нежное, тревожное,_____

Задание 13. Посмотрите на фотографию. Как вы думаете, какому из перечисленных выше произведений Чайковского она соответствует?

Задание 14. Прочитайте слова за преподавателем, следите за ударением. Уточните значение незнакомых слов в словаре или у преподавателя.

За́мок, собира́ться, бал, неве́ста, грусти́ть, ста́я, заколдова́ть, колду́н, обману́ть, бу́ря, сража́ться, побежда́ть, Оди́ллия, Оде́тта, Зи́гфрид.

Задание 15. Прочитайте части текста. Соотнесите их с фотографиями.

□ А. Принц очень рад, он думает, что Одиллия — это Одетта. Но потом он видит в окне Одетту-лебедя и понимает, что его обманули. Принц спешит к лебединому озеру.

□ Б. На балу Зигфриду нужно будет выбрать себе невесту. В замке весело, но Зигфрид грустит, ему не нравится ни одна из девушек на балу.

□ В. В замке бал. Вдруг входит незнакомый гость. Это Злой гений. Он привёл на бал свою дочь Одиллию (Чёрный лебедь). Она очень похожа на Одетту, только носит чёрное платье.

□ Г. Начинается буря. Принц сражается со Злым гением и побеждает его.

□ Д. Королева лебедей — прекрасная Одетта. Принц полюбил Одетту. Злой колдун видит это, но ничего не может сделать.

□ Е. Вдруг он видит стаю белых лебедей, которые летят на озеро. Принц идёт за ними. Белые лебеди — это девушки, которых заколдовал Злой гений.

Задание 16. Найдите и посмотрите фрагменты балета П. И. Чайковского «Лебединое озеро». Вслушайтесь в музыку и ответьте на вопросы.

1. «**Тема лебедя**». Какая музыка по характеру? Почему?
2. «**Танец маленьких лебедей**». Какая музыка по характеру? Почему? Что хочется под неё делать?
3. «**Па-де-де Чёрного лебедя**». Что произошло с музыкой? Почему?

Задание 17. Посмотрите на фотографии 2, 5, 6 задания 15. Как вы думаете, какая музыка должна звучать во время этих событий?

Задание 18. Опираясь на фотографии и информацию урока, расскажите о балете «Лебединое озеро». Используйте данные **модели**:

> Это музыкальное произведение написано **кем** (№ 5).
> Этот балет был написан **когда** (№ 6).
> Сначала/потом/затем мы видим **что** (№ 4).
> В это время звучит **какая** музыка, потому что … .
> Я думаю, в это время должна звучать **какая** музыка, потому что … .
> Я бы хотел(а)/не хотел(а) посмотреть этот балет, потому что … .
> Я уже видел(а) этот балет. Он мне понравился/не понравился, потому что … .

Задание 19. Познакомьтесь с именами других великих композиторов России. Сделайте презентацию об одном композиторе и подготовьте устное сообщение. При подготовке сообщения ориентируйтесь на план и речевые модели, данные в задании 7 вводного урока.

Н. А. Ри́мский-Ко́рсаков   М. П. Му́соргский   Д. Д. Шостако́вич
М. И. Гли́нка   С. В. Рахма́нинов   С. С. Проко́фьев

Задание 20.

А. Дополните схему и расскажите, чем отличаются друг от друга жанры современной музыки.

Современная музыка

Авторская   Популярная (поп)   Рок

Б. Попытайтесь в собственной схеме отразить направления современного танца. Скажите, чем они отличаются (используйте сравнительную степень прилагательных).

В. Расскажите о своём любимом исполнителе, композиторе или танцоре.

✓ Как вы предпочитаете слушать музыку — на концерте или в записи? Объясните почему.
✓ Приходилось ли вам бывать на балете? Расскажите о своих впечатлениях.
✓ О каких композиторах вы узнали на уроке?
✓ Какое музыкальное произведение вы можете слушать много раз?
✓ Как вы понимаете высказывание П. И. Чайковского: «Музыка есть сокровищница, в которую всякая национальность вносит своё на общую пользу»?

УРОК 2

Искусство русского слова

Лексика — жанры литературы, их характеристика • выдающиеся деятели русской литературы • лауреаты Нобелевской премии

Грамматика — словосочетание • падежное управление

Речевые ситуации — определение литературных жанров • сообщение биографических сведений, информации о литературном творчестве

ДАВАЙТЕ ОБСУДИМ

1. Какие ассоциации у вас возникают со словом *литература*?
2. Есть ли у вас любимый писатель? Почему его творчество привлекло ваше внимание?
3. Каких русских писателей вы знаете?
4. Рассмотрите облако слов. Что вам известно об этих людях?

Задание 1. Прочитайте слова. Объясните разницу между данными понятиями.

Поэт, прозаик, драматург, писатель, творец, художник.

Задание 2.

А. Прочитайте названия литературных жанров. Дайте каждому характеристику, используя речевые **модели:**

> **Что** (№ 1) — это **какой** жанр литературы.
> **Для чего** (№ 2) характерно **что** (№ 1).

1) сказка
2) роман
3) повесть
4) рассказ
5) поэма
6) стихотворение
7) комедия

а) объективное изображение мира
б) повествование о событиях
в) изображение внутреннего мира человека
г) изображение героев в действиях, конфликтах
д) монологи и диалоги
е) описание
ж) изображение фантастического мира

Б. Расскажите, какие ещё жанры вам известны и что для них характерно.

Задание 3.

А. Прочитайте текст и впишите в таблицу имена русских поэтов и писателей.

В истории русской литературы есть два важных периода — Золотой век и Серебряный. В эти периоды появилось особенно много талантливых поэтов и писателей.

Золотой век русской литературы — это время расцвета русской литературы XIX века. О выдающихся писателях Золотого века можно говорить часами: Пушкин, Лермонтов, Некрасов, Гоголь... Это и Толстой, роман которого «Война и мир» знаменит на весь мир, и Достоевский — классик психологического романа. Все эти имена известны каждому школьнику в России.

Серебряный век русской литературы — это конец XIX — начало XX века. В это время появляется много новых литературных направлений, блестящих поэтов: Блок, Гумилёв, Ахматова, Маяковский, Цветаева, Брюсов... Имена гениальных художников Серебряного века можно перечислять долго, и творчество каждого заслуживает пристального внимания.

Золотой век	Серебряный век

Б. Кого из перечисленных поэтов и писателей вы уже знаете? О ком слышите первый раз?

ГРАММАТИЧЕСКАЯ ПОДСКАЗКА

Лауреат[1]			
Сколько раз?	**Какой степени (уровня)?**	**Какого года?**	**Чего (какой премии)?**
дважды трижды	первой степени второй степени третьей степени	2019 года 1965 года	конкурса фестиваля Нобелевской премии

---

[1] **Лауреа́т** (от лат. *laureatus* — «увенчанный лаврами») — человек, который получил высшую награду, премию.

Нобелевская премия по литературе за произведения на русском языке

 лауреат 2015 года — **Светла́на Алексие́вич.**
«За многоголосое творчество — памятник страданию и мужеству в наше время».

 лауреат 1987 года — **Ио́сиф Бро́дский.**
«За всеобъемлющее творчество, пропитанное ясностью мысли и страстностью поэзии».

 лауреат 1970 года — **Алекса́ндр Солжени́цын.**
«За нравственную силу, с которой он следовал непреложным традициям русской литературы».

 лауреат 1965 года — **Михаи́л Шо́лохов.**
«За художественную силу и цельность эпоса о донском казачестве в переломное для России время».

 лауреат 1958 года — **Бори́с Пастерна́к.**
«За значительные достижения в современной лирической поэзии, а также за продолжение традиций великого русского эпического романа».

 лауреат 1933 года — **Ива́н Бу́нин.**
«За строгое мастерство, с которым он развивает традиции русской классической прозы».

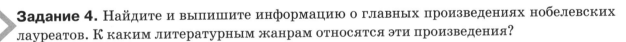

Задание 4. Найдите и выпишите информацию о главных произведениях нобелевских лауреатов. К каким литературным жанрам относятся эти произведения?

Задание 5. Прочитайте отрывок из стихотворения русского поэта XIX века. Каким настроением оно проникнуто? О чём оно?

Не то, что мните[1] вы, природа:
Не слепок[2], не бездушный лик[3] —
В ней есть душа, в ней есть свобода,
В ней есть любовь, в ней есть язык…

Ф. И. Тютчев

---

[1] **мни́те** = думаете
[2] **сле́пок** = копия
[3] **лик** = лицо

Задание 6. Прочитайте отрывки из стихотворений. Подберите к каждому иллюстрацию, объясните свой выбор, подчеркнув главные слова в тексте.

Ты, высокое небо, далёкое,
Беспредельный простор голубой!
Ты, зелёное поле широкое!
Только к вам я стремлюся душой.

И. А. Бунин

Под голубыми небесами
Великолепными коврами,
Блестя на солнце, снег лежит;
Прозрачный лес один чернеет,
И ель сквозь иней зеленеет,
И речка подо льдом блестит.

А. С. Пушкин

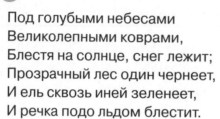

Белая берёза
Под моим окном
Принакрылась снегом,
Точно серебром.

С. А. Есенин

Задание 7. Как вы понимаете слова поэта Евгения Евтушенко: «Поэт в России — больше, чем поэт»? Какое значение в культуре вашей страны имеют поэт и поэзия?

Задание 8. Познакомьтесь с некоторыми именами великих русских писателей и поэтов. Выберите одно имя, сделайте презентацию и подготовьте устное сообщение. При подготовке сообщения ориентируйтесь на план и речевые модели, данные в задании 7 вводного урока.

А. С. Пу́шкин	Л. Н. Толсто́й	С. А. Есе́нин
Н. В. Го́голь	Ф. М. Достое́вский	А. А. Ахма́това
И. С. Турге́нев	А. П. Че́хов	В. В. Маяко́вский

ПОДВОДИМ ИТОГИ

✓ Какой литературный жанр вам ближе? Объясните почему.
✓ О каких русских поэтах и писателях вы узнали на уроке?
✓ С творчеством какого русского поэта/писателя вы хотели бы продолжить знакомство?
✓ Какое произведение русской литературы вы хотели бы прочитать?
✓ Попробуйте перевести фрагмент стихотворения с русского языка на родной. Расскажите, с какими трудностями сталкивается переводчик.

УРОК 3

Русская живопись

Лексика	жанры живописи
Грамматика	наречия места • синонимические ряды
Речевые ситуации	описание картины • рассказ о художнике

ДАВАЙТЕ ОБСУДИМ

1. Любите ли вы живопись и посещаете ли художественные выставки?

2. Какие жанры живописи вы знаете?

3. Творчество какого художника вам интересно? Объясните почему.

Задание 1.

А. Рассмотрите репродукцию картины. Расскажите, что на ней изображено, используя речевые **модели** и слова *слева, справа, в центре* и т. д.

> **Где** (№ 6) изображено/нарисовано **что** (№ 1).
>
> **Где** (№ 6) вы можете увидеть **что** (№ 4).

Художник О. А. Романова

Б. Рассмотрите атрибуты художника, подпишите, как они называются. Составьте с ними предложения.

Слова для справок: холст, мольберт, краски, кисть, палитра.

Задание 2. Посмотрите на репродукции картин. Подпишите, какие это жанры живописи.

А. Маковский

П. Кончаловский

В. Серов

В 2016 году выставка картин русского художника Валентина Серова в Третьяковской галерее, посвящённая 150-летию со дня рождения мастера, стала самой посещаемой в России за последние полвека. Чтобы попасть в выставочные залы, людям пришлось стоять километровые очереди в течение нескольких часов. Выставку посетили около полумиллиона человек.

Задание 3. Рассмотрите облака слов. Восстановите определения понятий *портрет*, *пейзаж*, *натюрморт*.

группы человека изображение либо портрет людей описание

природа жанр которого пейзаж предмет изображения изобразительного искусства является

цветов фруктов картина мёртвой натюрморт изображением природы

 Задание 4. ИГРА «Снежный ком».

Правила: По очереди в группе называйте слова по теме «Живопись». При этом каждый участник игры сначала повторяет все предыдущие слова и только потом называет своё слово. Побеждает тот, кто последним назовёт все слова правильно.

Задание 5. Дополните ряд слов синонимом.

1) полотно, рисунок, ...

2) писать, изображать, ...

3) радостный, ликующий, ...

4) тоскливый, печальный, ...

5) наблюдать, следить, ...

6) мастерски, умело, ...

7) вдруг, внезапно, ...

8) увлекательно, любопытно, ...

9) живописец, рисовальщик, ...

Слова для справок: неожиданно, художник, профессионально, интересно, картина, грустный, рисовать, весёлый, смотреть.

ГРАММАТИЧЕСКАЯ ПОДСКАЗКА

Наречие

где?	откуда?	куда?
слева	слева	налево
внизу	снизу	вниз

Задание 6. Заполните пропуски в таблице.

где?	куда?	какой план? / какая часть?
слева		
	направо	
		центральная
		передняя
	назад	
внизу		

Задание 7. Прочитайте за преподавателем слова и словосочетания. Уточните значение незнакомых слов в словаре или у преподавателя.

Посвящённый, роща, расположен, опавшие листья, водная гладь, отражается, дополняет; маринист[1], сильнейшая буря, стихия, борьба, пойти ко дну, продолжать сопротивляться; привал, бескрайнее болото, пожилой, неопытный, персонаж.

Задание 8. Рассмотрите репродукции картин. Прочитайте информацию о них. Расскажите об одной из картин по **плану**:

1. Как называется картина?
2. Кем была написана картина?
3. Что вы знаете о художнике?
4. Что изображено на картине?
5. Какое настроение создаёт картина?

---

[1] **Марини́ст** — художник, рисующий море.

И. Левитан. Золотая осень (1895 г.)

Исаа́к Левита́н (1860–1900) — русский живописец, известный картинами, посвящёнными красоте русской природы. Пейзаж «Золотая осень» очень яркий, красивый и солнечный. На картине изображена берёзовая роща в осеннем наряде. На переднем плане находятся две осины с почти опавшими листьями. Берёзки с золотыми листьями расположены слева. Берёзовая роща удивляет своим необыкновенным золотым нарядом. Белоснежные стволы одеты в яркие жёлто-оранжевые платья. Одна из таких красавиц одиноко стоит на правом берегу реки. Водная гладь (от «гладкий») холодная и неподвижная. В ней, как в зеркале, отражается голубое небо с белыми облаками. Река дополняет красоту пейзажа, создаёт спокойное, умиротворённое (от «мир») настроение.

И. Айвазовский. Бурное море ночью (1853 г.)

Ива́н Айвазо́вский (1817–1900) — знаменитый русский маринист. На своих полотнах он изображал море в разных состояниях: от тихого и спокойного до сильнейшей бури. Айвазовский умел очень точно передать дыхание моря и его движение. Он говорил: «Море — это моя жизнь». Картина «Бурное море ночью» известна во всём мире. Перед нами борьба человека и стихии (неспокойствия в природе). Маленький корабль вот-вот пойдёт ко дну, но всё равно продолжает сопротивляться буре.

В. Перов. Охотники на привале (1871 г.)

Васи́лий Перо́в (1833–1882) — один из выдающихся русских художников. Все его произведения наполнены глубокой жизненной философией и психологией. Не исключение и картина «Охотники на привале». На переднем плане мы видим фигуры трёх охотников, а на заднем — облачное небо и бескрайнее болото. Охотник слева, пожилой и опытный, что-то увлечённо рассказывает. Мы видим удивлённое лицо неопытного охотника, который сидит напротив, и задумчивую улыбку третьего охотника. По картине сразу можно понять характер и чувства каждого персонажа.

Задание 9. Послушайте текст об известном русском художнике В. И. Сурикове и исправьте предложения, если это необходимо.

1. Суриков родился в 1948 году.
2. Картины Сурикова посвящены истории России.
3. На первой картине Сурикова изображён царь Александр I.
4. Суриков был женат два раза.
5. Он умер от болезни лёгких.

Задание 10.

А. Познакомьтесь с именами других великих русских художников. Подготовьте презентацию о жизни и творчестве одного из художников и сделайте устное сообщение. При подготовке сообщения ориентируйтесь на план и речевые модели, данные в задании 7 вводного урока.

Ива́н Крамско́й

Алексе́й Савра́сов

Ива́н Ши́шкин

Михаи́л Вру́бель

Валенти́н Серо́в

Ви́ктор Васнецо́в

Илья́ Ре́пин

Ива́н Били́бин

При подготовке сообщения ориентируйтесь на **план**:

1. Детство.
2. Учёба.
3. Творчество.
4. Самая интересная, на ваш взгляд, картина.

Б. Расскажите о жизни и творчестве одного из выдающихся художников вашей страны. В каком жанре он работал? Какие отличительные особенности его картин можно отметить?

 ПОДВОДИМ ИТОГИ

✓ Какие жанры живописи вы знаете?

✓ Какой из жанров вам наиболее интересен?

✓ О каких художниках вы узнали на уроке?

✓ С творчеством какого художника вы хотели бы продолжить знакомство?

✓ Как вы понимаете высказывание: «Художник оставляет на холсте души неповторимый отпечаток» (Г. Александров)? Согласны ли вы с ним?

Народные промыслы России

Лексика	традиционные ремёсла и промыслы • виды ремёсел
Грамматика	образование имён прилагательных с суффиксами -ан(-ян), -ов(-ев) • согласование имён прилагательных с именами существительными
Речевые ситуации	сообщение информации о происхождении ремёсел • описание ремёсел и промыслов

ДАВАЙТЕ ОБСУДИМ

1. Чем вы любите заниматься в свободное время?

2. Любите ли вы что-то изготавливать/мастерить своими руками? А ваши родственники и знакомые? Что они делают и зачем?

3. Где можно увидеть изделия народных мастеров?

4. Прочитайте информацию. Согласны ли вы с тем, что то, что сделано своими руками, очень ценится?

Раньше, чтобы обеспечить семью необходимыми вещами, люди многое делали своими руками: посуду, одежду, игрушки. Со временем некоторые умельцы стали делать вещи на продажу. В современном мире ремесло не исчезло. То, что люди делают своими руками, очень ценится и сейчас.

Задание 1.

А. Прочитайте русские пословицы. Какая тема их объединяет? Есть ли похожие по смыслу выражения в вашем родном языке? Приведите примеры. Выучите эти пословицы наизусть.

- Дело мастера боится.
- Делу — время, потехе[1] — час.
- Люби дело — мастером будешь.
- Каков мастер, такова и работа.
- Рукам — работа, душе — праздник.

---

[1] **Потéха** — веселье, развлечение.

Б. Выберите одну пословицу и составьте диалог, в котором можно её использовать.

В. Объясните значение выражения *мастер на все руки*. Кого можно так назвать?

Задание 2. Рассмотрите изображения изделий русских мастеров. Прочитайте, как они называются.

шкату́лка

ларе́ц

подно́с

плато́к

украше́ние

кольцо́

брошь

брасле́т

игру́шка

свисту́лька

кувши́н

серви́з

| | ГРАММАТИЧЕСКАЯ ПОДСКАЗКА |

Прилагательные с суффиксами **-ан-(-ян-, -янн-), -ов-(-ев-)** обозначают то, из чего сделан предмет.

Например: песок — песч**ан**ый = сделан из песка
стекло — стекл**янн**ый = сделан из стекла
шёлк — шёлк**ов**ый = сделан из шёлка

Задание 3. Образуйте прилагательные от существительных, обозначающих материал, который обычно используют в народных промыслах.

дерево

глина

кожа

серебро

кость

фарфор

шерсть

Задание 4.

А. Найдите соответствия, составьте словосочетания, употребив слова в правильной форме.

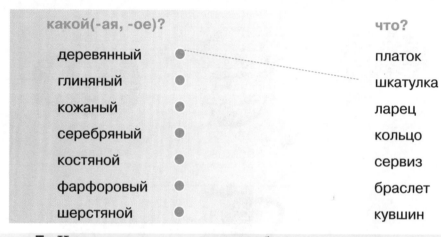

какой(-ая, -ое)?		что?
деревянный	●	платок
глиняный	●	шкатулка
кожаный	●	ларец
серебряный	●	кольцо
костяной	●	сервиз
фарфоровый	●	браслет
шерстяной	●	кувшин

Б. Измените словосочетание по образцу и запишите.

Образец: деревянная шкатулка — *шкатулка из дерева*

Задание 5. Найдите однокоренные слова и запишите их группами.

Мастер, ремесло, умелец, мастерить, промысел, ремесленник, мастерица, умелый, ремесленный, мастеровой, промысловый, мастерство, ремесленничать.

Задание 6.

А. Прочитайте информацию об истории создания русской матрёшки. Задайте вопросы к выделенным словам.

Матрёшка — это русская деревянная игрушка в виде расписной куклы, внутри которой находятся такие же куклы меньшего размера.

Название «матрёшка» происходит от русского женского имени **Матрёна**, которое раньше было очень распространённым. В основе этого имени лежит латинское слово *mater*, которое означает «мать». Матрёшка является символом многодетного материнства.

Матрёшку делают из **липы, берёзы, осины**. Деревья спиливают ранней весной. Потом их очищают, сушат и оставляют на открытом воздухе. Так они могут пролежать до двух лет. Изготавливать матрёшку начинают тогда, когда дерево уже не сырое, но ещё и не сухое. Определить готовность дерева может только мастер. Первой делают самую маленькую и неразборную куклу. Когда «малышка» готова, мастер делает следующую фигурку.

Мало кто знает, что матрёшка на самом деле родом из **Японии** и в России появилась только в конце XIX века. Первую русскую матрёшку сделал мастер Василий Звёздочкин, который взял за основу японскую фигурку «с секретом»: она открывалась, и внутри оказывалась ещё одна фигурка. А расписал матрёшку художник Сергей Малютин.

После изготовления матрёшки её начинает разрисовывать художник. **Краски** всегда яркие, праздничные, **куклы одеты** в нарядные традиционные сарафаны, на голове всегда пёстрый платочек. В руках у первой матрёшки был петушок.

Б. Расскажите об истории создания матрёшки по **плану**. (В качестве дополнительного материала можно использовать мультфильм **«Секрет матрёшки».**)

1. История появления первой матрёшки в России:
   а) японская игрушка «с секретом»;
   б) русское имя в названии игрушки.
2. Как делают матрёшку:
   а) материал для изготовления матрёшки;
   б) последовательность изготовления кукол.
3. Как разрисовывают матрёшку:
   а) традиционная русская одежда;
   б) внешний вид первой матрёшки.

В. Если бы деревянную куклу «с секретом» сделали в вашей стране, какое было бы у неё имя? Почему? Как она была бы одета? Какой предмет держала бы в руке?

Задание 7.

А. Прочитайте текст и озаглавьте его.

Художественные промыслы — это часть народной культуры, связанной с сохранением традиций и обычаев. С древних времён люди старались жить в единстве с природой. Дом, мебель, одежда, посуда, игрушки — всё, что было сделано руками народных мастеров, выражало их любовь к родной земле. И в результате обычные бытовые предметы становились произведениями искусства. Красоту их формы дополняли декоративные украшения в виде изображений людей, зверей, птиц, растений.

Мастера в своём творчестве использовали то, что давала им сама природа, — дерево, глину, металл, кость, шерсть. Природа была и главным источником вдохновения для народных умельцев, но мастера никогда не копировали её. Часто реальность приобретала в творчестве волшебные, сказочные черты.

Изначально ремесленники работали в одиночку, но потом начали объединяться в группы и принимать заказы на свои изделия. Своё искусство мастера передавали из поколения в поколение — от отца к сыну. Так появились центры ремесленных работ и торговли.

Б. Ответьте на вопросы по тексту.

1. Почему изделия мастеров становились произведениями искусства?
2. Из каких материалов мастера делали свои изделия?
3. Как вы думаете, почему мастера стали работать вместе?

В. Какие русские сувениры вы знаете? Из чего они сделаны?

Задание 8.

А. Рассмотрите иллюстрации и прочитайте информацию о народных промыслах России. Подчеркните в текстах ключевые слова.

Хохлома́

Хохлома — это промысел, который появился в конце XVII века в Нижегородской области. Наименование произошло от названия села Хохлома, где продавали красивую деревянную посуду и другие изделия из дерева. Отличительная особенность хохломы — золотой цвет во всех изделиях, поэтому говорят «золотая хохлома». Хохломские изделия поражают яркими красками на чёрном фоне: красный, жёлтый, оранжевый цвета используются для создания рисунка. Традиционные элементы хохломы — разнообразные узоры, красные ягоды рябины и земляники, цветы, листья и ветки. Иногда встречаются рыбы, птицы и звери.

Ды́мковская игру́шка

Большую известность в России и за её пределами получила игрушка из поселения Дымково, появившаяся более 400 лет назад. Мастера лепят игрушки из глины, затем высушивают и обжигают в печи. После этого каждую игрушку расписывают вручную красками. Яркая малиновая, красная, жёлтая, оранжевая, синяя роспись на белом фоне дополняется орнаментами в виде точек, кружочков, линий. Образы дымковских игрушек отражают городскую жизнь XIX века. Дамы и кавалеры, модницы и всадники — все они отличаются ярко выраженными характерами. Часто изображаются домашние животные и птицы (индюки, утки, петухи).

Гжель

Гжель — это промысел, который возник в подмосковной деревне Гжель, где гончарное ремесло существовало с начала XIV века.

Гжелью называют фарфоровые изделия с нарядной синей росписью на белом фоне. Кроме посуды, мастера делали игрушки в виде птиц и зверей, декоративные статуэтки.

Орнамент, который украшает гжельский фарфор, растительный: цветы, травы, стебли с листьями, цветочные букеты.

Па́лех

Одним из центров производства лаковой миниатюры является село Палех Ивановской области. Этот уникальный промысел появился в России в XVIII веке. Небольшие коробочки, ларцы, шкатулки, броши, заколки делали из специального картона, украшали миниатюрными рисунками и покрывали лаком. Традиционно используется чёрный фон, который усиливает яркие краски и тонкие линии рисунка. Обычно изображали сюжеты из русских сказок, катание на тройках[1], народные гулянья.

---

[1] **Тро́йка** — три лошади, которые запрягаются в один экипаж.

Жо́стовский подно́с

Роспись на металлических подносах появилась в начале XIX века в селе Жостово, недалеко от Москвы.

Роспись делается обычно по чёрному фону, на котором изображаются цветочные букеты, состоящие из крупных ярких садовых и мелких полевых цветов, зелёных листьев и трав.

Подносы бывают для бытовых целей (для подачи пищи) и для украшения интерьера.

Павловопоса́дский платок

Во второй половине XIX века на ярмарках появились яркие шерстяные платки и шали с пышным растительным орнаментом. Производство таких платков было организовано в старом текстильном центре — Павловском Посаде под Москвой.

Орнамент платков разнообразный: крупные растительные мотивы, цветочные гирлянды, объёмные розы, маки и другие цветы на чёрном или красном фоне.

Фини́фть

Финифть — это роспись по эмали специальными красками.

Одним из центров возникновения промысла является город Ростов в Ярославской области. Здесь в XVIII веке зародилось это ремесло. Роспись практически вечно сохраняет чистоту, блеск и прозрачность цвета. Она не подвергается воздействию света, перепадам температуры и влажности.

Изначально главным мотивом были растительные композиции. Мастера изображали на белой эмали цветочные орнаменты. Подобной росписью украшались шкатулки, броши, серьги, браслеты.

Кружевоплете́ние

Кружевоплетение на Руси известно с XVII века. Кружево — это узор из нитей, который получается при их переплетении. Кружевом украшали платья, постельное бельё, салфетки, скатерти, оконные занавески. Главная особенность кружева — его тонкость, лёгкость, воздушность. Своей белизной и узорчатостью оно очень напоминает морозные узоры на стёклах и иней в лесу на деревьях в разгар зимы.

Самые известные центры этого вида народного творчества — Вологодская область, где делают вологодские кружева, и город Елец — елецкие кружева.

Гонча́рное иску́сство

Гончарное ремесло Северного Кавказа зародилось в VI–V веках до н. э. Центром гончарного мастерства был Дагестан. С XIX века гончарный промысел получил повсеместное распространение.

Гончарное ремесло было широко распространено и на территории Ингушетии. Глиняная посуда была практичной, удобной, лёгкой в изготовлении, хорошо сохраняла молочную продукцию в тёплое время года. Для посуды подбирали наиболее качественную глину, замешивали родниковой водой, добавляли песок. Изготавливали посуду на гончарном круге. Сырую посуду просушивали и ставили в раскалённую печь. Из глины делали кувшины, сосуды с узким горлышком, миски, тарелки, кружки. Посуду украшали традиционным орнаментом. Основными элементами являются линии (прямые, волнистые, зигзагообразные, параллельные), штрихи, листики, спирали и завитки.

Худо́жественная обрабо́тка мета́лла

Художественная обработка металла известна с глубокой древности. Одним из центров развития этого ремесла стал Северный Кавказ. При создании изделий из металла мастера использовали сочетание разнообразных техник — ковки, чеканки, гравировки, штампа, черни, инкрустации, золочения.

В Дагестане центром этого искусства считается аул Кубачи. С XIX века народные мастера создают здесь женские украшения, сервизы, вазы, декоративные блюда, кувшины, оружие. Изделия украшают изящным растительным орнаментом.

Косторе́зный про́мысел

Более 400 лет живёт уникальное искусство холмогорской резьбы по кости. С давних времён северяне добывали в полярных морях моржовую кость, собирали по берегам Ледовитого океана кость мамонта. Для косторезов привозили из-за границы дорогую слоновую кость. Её обрабатывали по всему Северу, однако центром косторезного промысла стали Холмогоры — родина великого учёного Михаила Васильевича Ломоносова. Из кости делали ларцы, бокалы, настольные украшения, миниатюрные портреты и др.

Бисероплете́ние

Народы, которые населяют Крайний Север и северо-восток Сибири, изготавливали одежду из шкур оленей и украшали её бисерной мозаикой.

Бисером вышивают как женскую, так и мужскую одежду, украшают обувь, сумки, кошельки и даже упряжь для оленей. Важную роль при составлении северных орнаментов играют цвета, рисунки и их расположение. Бисерная вышивка напрямую связана с мифологией[1] северных народов. Мотивы бисерных вышивок — это треугольники, кресты, ромбы, квадраты, круги. Часто мастерицы соединяют геометрический и растительный орнаменты.

---

[1] **Мифоло́гия** — фантастическое повествование о сотворении мира, о деянии богов и героев.

Б. Найдите дополнительную информацию о заинтересовавшем вас промысле. Сделайте презентацию, включая фото- и видеоматериалы, подготовьте устное сообщение.

В сообщении используйте следующие **модели**:

> Промысел, о котором я хочу рассказать (расскажу / буду рассказывать), называется ... .
> Данный промысел зародился **где** (№ 6) / **когда**.
> **Что** (промысел) (№ 1) представляет собой **что** (№ 4).
> Основными цветами **чего** (№ 2) являются (**какой**) и (**какой**).
> Сначала изделия **чего** (№ 2) служили **для чего** (№ 2) / **чем** (№ 5).
> Позже люди стали продавать **что** (№ 4).
> Сейчас **что** (№ 4) можно увидеть/купить **где** (№ 6).

Задание 9. Заполните таблицу. Укажите, какие цвета традиционно используются в изделиях указанных промыслов.

Название промысла	Гжель	Хохлома	Павловопосадский платок	Дымковская игрушка
Цвет				

Задание 10. ИГРА «Народные промыслы» (Приложение 3).

Правила: Необходимо разделиться на команды по 2-3 человека, чтобы быстро и правильно соединить карточки с изображениями и названиями народных промыслов.

За один правильный ответ присуждается 1 балл. Выигрывает команда, которая быстро и без ошибок справится с заданием.

Задание 11. Прослушайте описание характерных черт русских народных промыслов и подпишите номер и название.

Задание 12.

А. Прочитайте толкование слов. Подумайте, можно ли эти слова использовать как синонимы. Подпишите иллюстрации.

Узо́р — переплетение линий, фигур, определённое сочетание красок.

Орна́мент — чередование геометрических или изобразительных элементов с растительными или животными мотивами.

Рису́нок — изображение, сделанное карандашом или красками.

Б. Прочитайте, как можно охарактеризовать узор, орнамент и рисунок.

Узор

(**какой?**) новый, красочный, традиционный, национальный, кружевной, авторский

Орнамент

(**какой?**) искусный, древний, растительный, цветочный, геометрический, старинный

Рисунок

(**какой?**) яркий, красивый, сказочный, авторский, оригинальный, выразительный

Узор, орнамент, рисунок

(**на чём?**) на металле, на посуде, на платке

В. Рассмотрите иллюстрации и составьте к каждой предложение по **модели**:

 Какой узор (орнамент, рисунок) украшает **что** (№ 4).

игрушка   посуда   шкатулка

Задание 13.

А. Рассмотрите орнаменты и объясните, в каких ремёслах они используются.

Б. Попробуйте нарисовать свой орнамент/узор/рисунок, учитывая традиции вашей страны. Расскажите, в каких изделиях его можно использовать.

ЭТО ИНТЕРЕСНО

Последняя российская императрица, государыня Александра Фёдоровна, была отличной мастерицей. В свободные минуты она всегда вышивала, вязала, рисовала. Своих дочерей императрица также приучала не сидеть без дела. Замечательные работы выходили из-под их быстрых рук.

Александра Фёдоровна основала общество рукоделия, члены которого, дамы и барышни, должны были изготовить для бедных определённое количество вещей в год.

С 1911 года во многих городах России стали проводиться Дни белого цветка с благотворительными базарами. Государыня с дочерьми заранее придумывали поделки, рисовали и вышивали для благотворительного базара.

В наше время День белого цветка возрождён и проходит в разных городах России.

По материалам журнала «Ярмарка Мастеров»

Задание 14. Рассмотрите карту и фотографии, прочитайте подписи. Скажите, в каких уголках России делают эти изделия, найдите на карте. В ответе используйте **модель**:

Что (№ 4) делают **где** (№ 6).

расписные металлические подносы

тонкое кружево

деревянная расписная посуда

шерстяные шали и платки

Дымково

Жостово

Палех

Хохлома

керамическая посуда с сине-белым рисунком

Павловский Посад

Елец

Гжель

лаковая миниатюра

изделия из серебра

Кубачи

Задание 15.

А. Представьте, что вы приехали в Дымково и хотите купить себе и своим близким сувениры.

Обсудите:

1. Что является местным сувениром?
2. Где в Дымкове можно купить сувениры?
3. Сколько стоят дымковские сувениры?
4. Где можно увидеть, как делают дымковские сувениры?

Б. Распределите роли (при необходимости дополните другими) и разыграйте полилог.

Турист 1. Вы хотите всё знать и купить как можно больше сувениров.

Турист 2. Вы сомневаетесь в подлинности сувенира и задаёте много вопросов.

Турист 3. Вы не только интересуетесь сувениром, но и хотите получить как можно больше информации о русской деревне и истории промысла.

Житель села Дымково. Вы хотите познакомиться с туристами и узнать как можно больше информации о них (откуда приехали, где остановились, были ли уже раньше в России, в русской деревне, нравится ли русская деревня).

Продавец сувенирной лавки. Вы хотите продать много сувениров, показать и рассказать, какие красивые сувениры есть в продаже.

Мастер дымковской игрушки. Вы показываете, как делают дымковские сувениры, из чего. Рассказываете, сколько времени для этого требуется, где учатся этому ремеслу, предлагаете туристам попробовать сделать сувенир своими руками.

Используйте **фразы**:

> Извините/простите, можно к вам обратиться?
> Скажите, пожалуйста, где находится сувенирная лавка?
> Будьте добры, покажите, пожалуйста, эти игрушки.
> Большое спасибо за интересный рассказ!

Задание 16. Какой русский народный промысел вас заинтересовал? Объясните свой выбор.

Используйте конструкцию: Мне понравился(-ась, -ось) …, потому что … .

ПОДВОДИМ ИТОГИ

✓ Надо ли сохранять народные ремёсла и промыслы в современном мире? Аргументируйте своё мнение.

✓ Если бы вы были народным мастером/мастерицей, каким ремеслом вы бы занимались? Почему?

✓ Почему изделия народных мастеров покупают в качестве сувениров?

✓ Какие сувениры вы хотели бы привезти из России?

✓ Что бы вы посоветовали путешественникам купить в качестве сувенира в вашей стране?

ИСТОКИ РУССКОЙ ДУШИ

УРОК 5 Религии России

Лексика	конфессии • религиозные сооружения
Грамматика	множественное число имён существительных
Речевые ситуации	сообщение информации о религии, об общечеловеческих духовных ценностях

ДАВАЙТЕ ОБСУДИМ

1. Как вы думаете, зачем нужна религия?
2. Что вы знаете о религии в России?
3. Есть люди, которые считают, что наш мир нельзя познать. Они называются агнóстиками. Они говорят, что мы не можем знать ничего достоверно о Боге (или богах) и о действительной сущности вещей. Вы согласны с ними?

Задание 1. Посмотрите на иллюстрации, прочитайте подписи. О чём могут рассказать эти символы?

Крест

Полумесяц и звезда

«Колесо закона»

Звезда Давида

Задание 2. Рассмотрите «Дерево религий». Скажите, на какие виды делятся религии. К какому виду относится ваша религия?

Задание 3. Заполните пропуски.

Религия	Мужчина, который исповедует эту религию	Женщина, которая исповедует эту религию	Люди, которые исповедуют эту религию
христианство	христианин	*христианка*	*христиане*
ислам	мусульманин		
иудаизм	иудей		
буддизм	буддист		
язычество	язычник		

||| ГРАММАТИЧЕСКАЯ ПОДСКАЗКА

Существительные на **-анин(-янин)** во мн. ч. оканчиваются на **-ане(-яне)**.

Например: гражд**анин** — гражд**ане**, крестья**нин** — крестья**не**, армя**нин** — армя**не**.

Задание 4. Продолжите ряд синонимов.

Например: рассказывать, произносить, *говорить*

а) конфессия, верование, _____

б) давний, старинный, _____

в) быть убеждённым, исповедовать, _____

г) жить, быть, _____

д) настоящее, действительность, _____

е) просить, взывать к небесам, _____

Слова для справок: религия, реальность, существовать, древний, молить, верить.

Задание 5.

А. Рассмотрите и подпишите фотографии священных сооружений, которые можно встретить на территории России. Называются эти здания по-разному:

а) у христиан — церковь в) у мусульман — мечеть
б) у иудеев — синагога г) у буддистов — пагода

Б. Определите, части каких зданий вы видите.

В городе Казани есть Храм всех религий (Вселенский храм) — архитектурный символ всех религий. Он объединяет элементы разных религий, как современных, так и исчезнувших. Его автор — архитектор и художник Ильдар Ханов — хотел показать людям, что Бог один и нет смысла спорить о том, какая религия лучше.

Внутри храма находится музей с несколькими залами: зал Будды, Египетский зал, Католический зал, зал Иисуса Христа… Кроме того, там же есть Театральный зал и картинная галерея, где проходят выставки художников.

Этот храм уникальный. Хотя идея объединения религий не нова и во многих городах мира существуют музеи религий, но в любом таком музее религии отделены друг от друга, а здесь они гармонично сосуществуют.

Задание 6.

А. Прочитайте в таблице информацию о самых распространённых религиях России.

Христианство	
У истоков	Иисус Христос
Время и место зарождения	I век, территория современных Израиля и Палестины
Священная книга	Библия (в переводе с древнегреческого — «книга»)
Высшее существо	Бог, единый в трёх лицах (Сын, Отец и Святой Дух)
Ритуалы	Молитва, пост, посещение церкви, 7 таинств (церковных обрядов)
Ислам	
У истоков	Пророк Мухаммед
Время и место зарождения	Начало VII века, Мекка
Священная книга	Коран (в переводе с арабского — «чтение вслух, назидание»)
Высшее существо	Аллах
Ритуалы	Молитва, милостыня, паломничество (посещение святых мест), пост, посещение мечети

Буддизм	
У истоков	Сиддхартха Гаутама (Будда)
Время и место зарождения	543 год до нашей эры, Древняя Индия
Священная книга	Трипитака (в переводе с санскрита — «три корзины мудрости»)
Высшее существо	Много богов
Ритуалы	Медитация, мантры
Иудаизм	
У истоков	Моисей
Время и место зарождения	XII–XIII века до нашей эры, гора Синай
Священная книга	Танах (в переводе с иврита — «чтение»)
Высшсс существо	Бог Яхве
Ритуалы	Молитва, пост, посещение синагоги, церковные таинства (обряды), соблюдают субботу (не работают в этот день и не путешествуют)

Б. Ответьте на вопросы, опираясь на информацию таблицы.

1. Какая религия самая молодая / самая древняя?
2. В какой религии люди верят не в одного Бога, а во множество богов?
3. В какой из религий нет понятия «пост»?
4. Какая из религий зародилась на горе?
5. Как называются священные книги разных религий? Что означают их названия в переводе?

Задание 7. Расскажите о религии, распространённой в вашей стране. Используйте информацию из задания 6 и **модели**:

В моей стране большинство людей исповедуют ... .

Что (№ 1) зародилось **когда**, на территории **чего** (№ 2) (какой страны).

У истоков **чего** (№ 2) стоит **кто** (№ 1).

Священной книгой **кого** (№ 2) является **что** (№ 1).

Что (№ 1) в переводе **с какого языка** (№ 2) означает **что** (№ 4).

Люди верят **в кого** (№ 4).

Люди делают **что** (№ 4).

Задание 8. Прочитайте слова и словосочетания, которые встретятся в тексте задания 9. Уточните значение незнакомых слов в словаре или у преподавателя.

Дух, душа, заботились о душах своих предков, гарантируется основным законом, моральные ценности, добрые дела, защищать Родину, верование, участвовать, предок, потусторонний, мировоззрение, общечеловеческий, ценность, соединять.

Задание 9.

А. Прочитайте текст и скажите, что нового вы узнали о религии, ритуалах.

Религии России

Религия в переводе с латинского означает «связывать, соединять». Религия — это вера людей в то, что есть другой, потусторонний мир; это особое мировоззрение, правила и традиции.

Ритуалы — это действия, которые направлены на соединение людей с потусторонним миром. Они являются неотъемлемой частью всех религий.

Религия появилась очень давно. Древние люди верили, что в мире живут духи — духи воды и земли, дерева и огня, ночи и дня. Люди заботились о душах своих предков, верили, что душа после смерти человека продолжает участвовать в жизни его семьи. Такие верования называют традиционными.

В России сосуществуют разные религии. Каждый россиянин вправе исповедовать любую религию. Это гарантируется основным законом страны — Конституцией Российской Федерации. Большинство людей в России исповедуют православное христианство, но многие исповедуют и другие религии — ислам, буддизм, иудаизм. Эти четыре религии считаются основными в России. На севере страны до сих пор сохранились традиционные верования. Каждая из конфессий — важная часть культуры России. Есть среди россиян и атеисты.

Все религии очень разные, но объединяет их проповедь общечеловеческих моральных ценностей: нужно любить человека, жить в мире, уважать старших, делать добрые дела, защищать свою Родину.

Ответьте на вопросы по тексту.

1. Что такое религия?
2. Во что верили древние люди?
3. Какие религии распространены в России?
4. Какую религию исповедует большинство россиян?

Б. Допишите, какие понятия соответствуют данным определениям.

-------------------------------------- — человек, который не исповедует никакой религии.

-------------------------------------- — священные действия, которые направлены на соединение людей с потусторонним миром.

-------------------------------------- — основной закон страны.

Задание 10. Рассмотрите иллюстрации. С какими религиями связаны эти произведения искусства?

Владимирская икона Божией Матери

Статуя Будды из Гандхары

Арабеска[1] в Парижской соборной мечети

Синагогальная менора[2], Богемия, XIX век. Еврейский музей, Прага

Задание 11.

А. Прочитайте слова и словосочетания. Заполните таблицу.

Религия учит	Религия запрещает

Лениться, убивать, верить, сострадать, спасать, уважать старших, завидовать, помогать бедным, лгать, заботиться друг о друге, понимать друг друга, защищать слабых, любить.

Б. Образуйте существительные от этих глаголов и составьте с ними предложения.

---

[1] **Арабе́ска** — сложный орнамент, узор в восточном стиле.
[2] **Мено́ра** — один из религиозных символов иудаизма, золотой светильник, подсвечник для семи свечей.

Задание 12. Найдите среди букв слова, которые объединяют людей всех религий.

П	И→	М	Т	Ь			
О→	Н	А	Е	Т			
М	О	Н	Р	С			
О	П	И	П	О			
Щ	Ь	Е	И	М			
Л	Ь	В	Е	Р	А	Д	А
Ю	В	У	В	А	Ж	Р	Б
Б	О	Е	И	Н	Е	У	Ж

Задание 13. Прослушайте четыре текста. Напишите, о какой религии идёт речь в каждом из них.

1. _____
2. _____
3. _____
4. _____

Задание 14. Узнайте больше о религиях, распространённых в России, и дополните таблицу недостающей информацией.

Религия	Символы	Главные праздники
Христианство		
		Курбан-байрам, Ураза-байрам
	Звезда Давида	

Задание 15. Расскажите об одном из религиозных праздников, отмечаемых в вашей стране, по **плану**:

1. Когда празднуют?
2. Есть ли у этого праздника специальные атрибуты?
3. Что люди делают во время праздника?

Задание 16. Познакомьтесь с элементами православного храма и их значением.

Храм

Купол снаружи

Купол внутри

Алтарь

Иконостас

ХРАМ играет важную роль в жизни христианина. С ним связаны главные события жизни человека: рождение, создание семьи, смерть. Для строительства русского православного храма часто выбирали самое высокое место, чтобы его было видно со всех сторон. Каждый храм посвящён какому-либо христианскому празднику или святому[1].

Русский православный храм — это ОБРАЗ УСТРОЙСТВА МИРА. Крест в христианстве — символ веры и спасения, купол — символ небесной жизни.

КУПОЛ — это верхняя часть храма. Форма купола может быть разной: самые древние имели форму яйца, более поздние — луковицы. В XVI веке были распространены купола в виде шатра. Купол означает небо, поэтому купола часто покрывают золотом. Золотые купола являются символом божественного света и вечной жизни. Иногда на куполах изображают звёзды.

Внутреннее устройство храма имеет глубокий символический смысл. В центре храма с восточной стороны, навстречу солнцу, находится АЛТАРЬ. Самое важное место в алтаре — это престол, который имеет форму четырёхугольного стола. Считается, что это место таинственного пребывания Бога во время службы.

Отделяет алтарь от основного помещения церкви ИКОНОСТАС — перегородка, на которой в определённом порядке располагаются ряды икон.

ИКОНА в христианстве — это священное изображение лиц или событий библейской истории. На иконах изображаются Иисус Христос, Богоматерь, святые, библейские сюжеты. Икона — не просто картина. Люди верят, что икона имеет духовную силу, защищает и помогает в трудные моменты жизни человека.

В сложные или радостные периоды жизни человек обращается к Богу с помощью молитвы. МОЛИТВА — это слова благодарности, просьбы или покаяния Богу, святым и ангелам.

---

[1] **Святой** — человек, который считается образцом веры, праведности и почитается церковью.

Задание 17. Прочитайте русские пословицы. Как вы понимаете их смысл?

- На Бога надейся, а сам не плошай.
- Не нашёл в себе — не ищи и в других.

Задание 18. Прочитайте «золотые правила» четырёх религий. Прокомментируйте их. Удаётся ли вам следовать этим правилам?

> Иудаизм — Что ненавистно тебе, не делай другому.

> Буддизм — Не делай другим того, что сам считаешь злом.

> Ислам — Нельзя назвать верующим того, кто не желает сестре или брату своему того же, чего желает себе.

> Христианство — Возлюби ближнего своего, как самого себя.

Задание 19. ИГРА «Снежный ком».

Правила: Называйте по очереди слова по теме «Религия». Каждый участник игры сначала повторяет все предыдущие слова и только потом называет своё слово.

ПОДВОДИМ ИТОГИ

✓ Какие религии распространены в России?
✓ Какую религию исповедует большинство жителей в вашей стране?
✓ Какие духовные ценности общие в четырёх мировых религиях?
✓ Что нового вы узнали из урока?
✓ Согласны ли вы с мыслью С. Джобса: «Все религии — это лишь разные двери в один и тот же дом»? Обоснуйте своё мнение.

урок **6**

Золотое кольцо России

Лексика	названия городов • достопримечательности Золотого кольца России
Грамматика	краткие страдательные причастия • образование относительных прилагательных от имён собственных
Речевые ситуации	сообщение информации об основателях, времени создания городов и достопримечательностей • описание городов и достопримечательностей

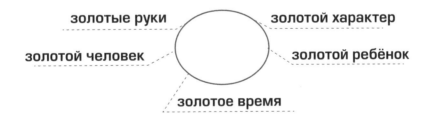

||| ДАВАЙТЕ ОБСУДИМ

1. Как вы считаете, почему многие туристы стремятся посещать старинные города?
2. В каких древних городах вы бывали? Расскажите о своих впечатлениях.
3. Какие древние русские города вы знаете?

Задание 1.

А. Прочитайте словосочетания. Как вы думаете, в каких ситуациях так говорят? Запомните эти словосочетания.

золотые руки   **золотой характер**

золотой человек   **золотой ребёнок**

золотое время

Б. Как вы думаете, почему несколько древних русских городов называют Золотым кольцом?

Задание 2.

А. Прочитайте слова, которые входят в названия достопримечательностей многих городов. Уточните значение новых слов в словаре или у преподавателя.

Памятник, музей, галерея, замок, дворец, церковь, собор, кремль, мост, арка, заповедник, колокольня, крепость.

Задание 3.

А. Рассмотрите фотографии и подпишите, что на них изображено.

Слова для справок: Кремль, собор, арка, колокольня, мост, крепость.

Б. Какие достопримечательности есть в том городе, где вы сейчас находитесь?

В. Расскажите о достопримечательностях вашего родного города.

||| ГРАММАТИЧЕСКАЯ ПОДСКАЗКА

Владимир — владимир- + **-ск-** + **-ий** → владимирский

Иваново — иванов- + **-ск-** + **-ий** → ивановский

Запомните!

Москва → московский

Задание 4. Образуйте прилагательные от названий русских городов. Составьте с ними словосочетания.

Суздаль, Кострома, Ярославль, Тула, Иваново.

Краткие страдательные причастия прошедшего времени

основать (I[1], СВ)   основан (основана, основано, основаны)
Москва основана Юрием Долгоруким.

сделать (I, СВ)   сделан (сделана, сделано, сделаны)
Игрушки сделаны из дерева.

изучить (II[2], СВ)   изучен (изучена, изучено, изучены)
Достопримечательности внимательно изучены.

изготовить (II, СВ)   изготовлен (изготовлена, изготовлено, изготовлены)
Ворота изготовлены из железа.

Запомните!

закрыть — закрыт	**выпить — выпит**
открыть — открыт	**понять — понят**
забыть — забыт	**вымыть — вымыт**

Задание 5. Образуйте краткие страдательные причастия прошедшего времени от данных глаголов. Составьте с ними предложения.

Создать, сказать, прочитать, забыть, выучить.

Задание 6. Рассмотрите фотографию. Составьте диалог.

Используйте **фразы**:

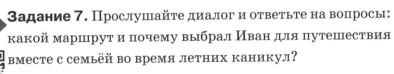

— Извините за беспокойство, вы не знаете, в каком году это было построено/основано?

— Скажите, пожалуйста, в каком веке это было создано?

Свято-Успенский собор во Владимире (1158–1161)

Задание 7. Прослушайте диалог и ответьте на вопросы: какой маршрут и почему выбрал Иван для путешествия вместе с семьёй во время летних каникул?

Задание 8. Прочитайте слова и словосочетания, которые встретятся в тексте задания 10. Уточните значение новых слов в словаре или у преподавателя.

Выдающийся полководец, чудотворец, княжество, веер, забавный, уникальный, подкова, ситец, невеста, маршрут, летопись.

---

[1] Первое спряжение, тип «е».
[2] Второе спряжение, тип «и».

Задание 9. Прочитайте модели и примеры к ним. Придумайте свои предложения к этим моделям:

Кто основал **что** (№ 4).	*Юрий Долгорукий основал Кострому.*
Что основано **кем** (№ 5).	*Город Владимир основан князем Владимиром Мономахом.*
Что известно **чем** (№ 5).	*Переславль-Залесский известен своим собором.*
Памятник **кому** (№ 3).	*Это памятник Александру Невскому.*

Задание 10. Прочитайте текст и скажите, какой старинный русский город заинтересовал вас больше всего.

Золотое кольцо России

Золотое кольцо России — туристический маршрут по древним русским городам, в которых сохранились уникальные памятники истории и культуры России. Маршрут по этим городам на карте напоминает кольцо, а начинается и заканчивается он в Москве. Золотым он назван потому, что в этих городах много великолепных образцов старинного русского искусства.

Золотое кольцо — это восемь главных городов. Иногда в маршрут Золотого кольца включают и другие города: Углич, Тулу, Вологду, Калугу.

Сергиев Посад находится в 52 километрах к северо-востоку от Москвы. Название города связано с именем Се́ргия Ра́донежского, русского святого, чудотворца, основателя Троице-Сергиевой лавры — монастыря XIV века, который состоит из бо́лсс чем 50 зданий.

Троице-Сергиева лавра

В Сергиевом Посаде уже много веков изготавливают игрушки из дерева и кости. В городском музее игрушки можно увидеть тысячи ярких, забавных экспонатов. В городе есть единственный в мире научно-исследовательский институт игрушки.

Переславль-Залесский стоит на Плещеевом озере. Город был основан в XII веке и служил крепостью. Переславль-Залесский известен своим Спасо-Преображенским собором, который был построен также в XII веке. На площади у собора стоит памятник выдающемуся русскому полководцу Алекса́ндру Не́вскому, который родился и провёл детство в Переславле.

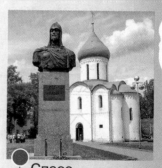
Спасо-Преображенский собор

Ростову Великому уже более тысячи лет. В X–XII веках город был центром русских княжеств. Здесь строили каменные здания, вели летописи, переписывали книги. Город был известен ежегодной Ростовской ярмаркой.

По вечерам на берегу озера Неро слышны часы ростовского кремля, который построен в XVII веке.

Кострому в XII веке основал князь Юрий Долгорукий. Главная достопримечательность в этом городе — Ипатьевский монастырь XIV века, в наши дни — это музей-заповедник.

В 1773 году во время пожара сгорели все деревянные здания в костромском кремле, пострадала большая часть города.

Ростовский кремль

Существует легенда, что Екатерина II на вопрос, какой бы она хотела видеть Кострому, развернула свой веер. Улицы Костромы действительно построены по веерной системе.

Ярославль был основан в XI веке князем Ярославом Мудрым. Позже город стал важным торговым центром. Ярославль — первый православный город на реке Волге. (На купюре в 1000 рублей изображены памятник Ярославу Мудрому, часовня и другие главные достопримечательности Ярославля.)

Ипатьевский монастырь

Иваново — самый молодой город Золотого кольца. Он был основан в 1871 году под названием Иваново-Вознесенск. Здесь много архитектурных памятников конца XIX — начала XX века (Введенский женский монастырь, Свято-Успенский мужской монастырь), оригинальные здания стиля конструктивизм XX века (дом-корабль, дом-подкова).

Иваново — центр лёгкой промышленности России. Ивановские ткани издавна славятся и в России, и за рубежом. В городе находится уникальный Музей ивановского ситца.

Введенский женский монастырь

Иваново называют «городом невест», потому что женщин среди населения гораздо больше, чем мужчин.

Суздаль — город-музей. Основан около X века. Суздаль почти полностью сохранил свою древнюю архитектуру, многочисленные монастыри и церкви. Суздаль и в наши дни — небольшой деревянный городок. На берегу реки Каменки в конце 60-х годов XX века создан Музей деревянного зодчества.

Интересно, что город занимает всего 15 квадратных километров, в нём живёт чуть более 10 000 человек, и при этом в Суздале находится более 50 храмов и церквей.

Музей деревянного зодчества

По одной из версий, город **Владимир** основал на реке Клязьме в XII веке князь Владимир Мономах. Этот город стал столицей Владимиро-Суздальского княжества.

Во Владимире сохранилось много достопримечательностей XII века. Например, Золотые ворота, которые защищали княжество от врагов, а также являлись триумфальной аркой, через которую возвращались князья после военных побед.

Дмитриевский собор

Здесь также можно увидеть такие шедевры архитектуры, как Успенский и Дмитриевский соборы, церковь Покрова на Нерли, которые построены в XII веке.

Все города Золотого кольца можно назвать городами-музеями, потому что они сохранили древнюю архитектуру, промыслы. Каждый город уникален и имеет что-то неповторимое и удивительное, именно поэтому этот туристический маршрут существует уже много десятилетий и пользуется большой популярностью.

Задание 11. Ответьте на вопросы и дополните карту-схему Золотого кольца России правильными ответами.

① Город, план которого похож на веер.

② Город, который основал Ярослав Мудрый.

③ Город, который известен своей финифтью.

④ Город-музей, в котором находится более 50 церквей.

⑤ Город, в который входили через Золотые ворота.

⑥ Город, в котором начинается и заканчивается путешествие по Золотому кольцу.

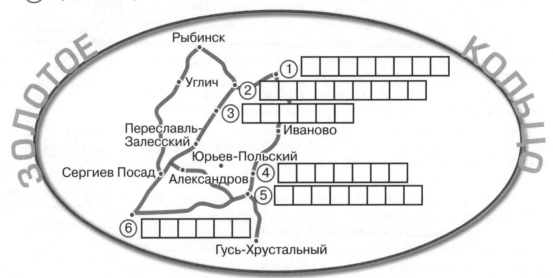

Задание 12. ИГРА «Интересные факты о городах Золотого кольца России» (Приложение 4).

Правила: Учащиеся делятся на две команды. Преподаватель раздаёт каждой команде по два комплекта карточек: 1) названия городов Золотого кольца России; 2) интересные факты о городах Золотого кольца России.

Задача: найти соответствия между городами и интересными фактами. Побеждает команда, которая быстро и правильно соотнесёт карточки.

Задание 13. Замените картинки словами и восстановите предложения.

1. Туристический маршрут по древним русским городам Центральной России называется ....

2. В Переславле-Залесском на площади у собора можно увидеть памятник

....

3. В Сергиевом Посаде изготавливают .... из дерева и кости.

4. В Ростове каждый год проходит ....

5. Город Ярославль стоит на реке ....

6. В городе Иваново находится оригинальное здание стиля конструктивизм, которое называется ....

Кострома считается родиной русской зимней волшебницы Снегурочки — внучки Деда Мороза. На берегу реки Волги находится её дом — живописный терем, который можно посетить в любое время года.

ГРАММАТИЧЕСКАЯ ПОДСКАЗКА

Формы обозначения времени (когда?)

время	Сколько времени?	Девять (№ 1) часов
	Во сколько?	В девять (№ 4) часов
день недели	В какой день недели?	В понедельник, в субботу (№ 4)
месяц	В каком месяце?	В январе, в августе (№ 6)
год	В каком году?	В 1773 (тысяча семьсот семьдесят третьем) году (№ 6)
век	В каком веке?	В XX (двадцатом) веке (№ 6)

Задание 14.

А. Рассмотрите ленту времени. Познакомьтесь со временем образования городов Золотого кольца России. Составьте предложения по **модели**:

 Что (№ 1) основано **когда** (№ 6).

Например: Ростов Великий основан в восемьсот шестьдесят втором году.

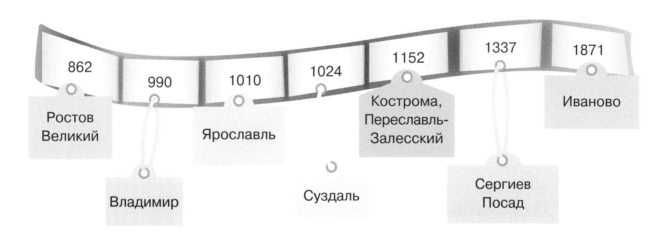

Б. Скажите, какой город Золотого кольца самый старый, какой — самый молодой.

Задание 15. Соедините места и время их основания/постройки. Составьте предложения.

Образец: Троице-Сергиева лавра основана в четырнадцатом веке.

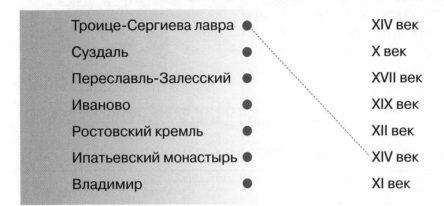

Задание 16. Прочитайте программу тура по двум городам Золотого кольца России. Скажите, когда и во сколько состоятся запланированные мероприятия.

Программа двухдневного тура в Сергиев Посад и Переславль–Залесский

08.09 Понедельник
10:00 — отъезд из Москвы (станция метро «ВДНХ»)
11:30 — прибытие в Сергиев Посад
12:00 — обзорная экскурсия по городу
14:00 — обед
15:00 — экскурсия по Троице-Сергиевой лавре
17:00   посещение городского Музея игрушки
18:00 — ужин
19:00 — свободное время
21:00 — заселение в гостиницу
09.09 Вторник
8:30 — завтрак
9:00 — выселение из гостиницы
9:30 — отъезд в Переславль-Залесский
10:30 — прибытие в Переславль-Залесский
11:00 — обзорная экскурсия по городу
14:00 — обед
15:00 — экскурсия по Спасо-Преображенскому собору
17:00 — свободное время
18:00 — ужин
19:00 — отъезд в Москву

Задание 17. Представьте, что к вам в гости приезжает друг. Он хочет посмотреть города Золотого кольца России. Расскажите ему о самых интересных местах и об этом маршруте.

Ключевые задания:

1 Подготовьте сообщение о достопримечательностях городов Золотого кольца.

— Как называются города?

— Чем они известны?

— Как называются интересные места (соборы, площади, памятники и др.)?

— Когда (в каком году, в каком веке) были основаны города и построены достопримечательности?

— Какой город Золотого кольца самый интересный, на ваш взгляд? Почему?

В своём сообщении используйте модели из заданий 9, 14.

2 Составьте план путешествия для вашего друга. Обозначьте на карте, какие города нужно посетить и какие достопримечательности посмотреть.

Задание 18.

А. Прочитайте информацию о ярмарках в городах Золотого кольца. Приходилось ли вам участвовать в подобных мероприятиях?

В городах Золотого кольца России стремятся возрождать забытые традиции. Одна из них — организация ярмарок. Как и раньше, ярмарки обычно проходят во время церковных праздников и чаще всего располагаются около церквей и монастырей. Здесь продают товары, которыми славится регион, представляют традиционные художественные промыслы.

Где проходит ярмарка?	Когда возникла ярмарка?	В честь кого/чего названа ярмарка?	Что можно увидеть на ярмарке?
Суздальская Евфросиньевская ярмарка			
город Суздаль	XIX век	Святая Евфросинья, почитаемая в Суздале	промышленные товары, овощи, фрукты, ягоды, мясо, мёд, саженцы, изделия из бересты и дерева и др.
Крестовоздвиженская ярмарка «Палех — город мастеров»			
город Палех	XVIII век	праздник Воздвижение Креста Господня, во время которого проходит ярмарка	палехские миниатюры, шкатулки, иконы и др.
Костромская губернская ярмарка			
город Кострома	конец XVIII века	город, жители которого участвовали в ярмарке	льняные полотна и товары изо льна, изделия ручной работы из янтаря, дерева, бересты, знаменитый костромской сыр и др.

Б. Расскажите об одной ярмарке, используйте данные ниже **модели** и информацию из таблицы.

 Что (№1) проходит **где** (№6).
Что (№1) возникло **в каком веке** (№6).
Что (№1) названо **в честь чего/кого** (№2).
Где (№6) можно увидеть **что** (№4).

Задание 19. Рассмотрите иллюстрации и прочитайте три текста. Определите, о какой достопримечательности идёт речь в каждом из них.

Спасо-Яковлевский монастырь, г. Ростов

Ипатьевский монастырь, г. Кострома

Церковь Иоанна Предтечи, г. Ярославль

А Единственный в России пятнадцатиглавый храм. Стены храма выполнены в виде узоров из фигурного кирпича. На стенах не найти ровного места, поэтому создаётся впечатление, что храм обернули в персидский ковёр. Эта церковь изображена на купюре номиналом одна тысяча рублей.

Б Монастырь построен на берегу реки Кострома. В летописи впервые упоминается в 1432 году. На территории монастыря несколько зданий. Главный храм имеет пять золочёных чешуйчатых куполов. Изумрудный ажурный шатёр колокольни виден за несколько километров.

В Мужской монастырь на берегу озера Неро, основан в конце XIV века. Все три храма выстроены в единую линию вдоль восточной стены монастыря.

Задание 20. Рассмотрите карту Золотого кольца России. Скажите, какой город вы посетите первым, какой последним, в каком проведёте больше всего времени, объясните почему. Какой транспорт выберете для путешествия?

Задание 21. Подготовьте подробное сообщение об одном городе Золотого кольца по данному **плану** и его фотопрезентацию.

1. Расположение.
2. Время основания города.
3. Промыслы города.
4. Достопримечательности.
5. Интересные факты из жизни города.

В своём рассказе используйте **модели**:

> **Что** (№ 1) располагается **где** (№ 6).
>
> **Что** (№ 1) образовано **в каком году** (№ 6) / **в каком веке** (№ 6).
>
> **Что** (№ 1) изготавливают **где** (№ 6) **из чего** (№ 2).
>
> **Что** (№ 1) знаменито/известно **чем** (№ 5).

Задание 22. Согласны ли вы с данными высказываниями? Исправьте их при необходимости.

Используйте конструкции: Я (не)согласен/(не)согласна с тем, что … .
Я считаю/думаю, что … .

1. Золотое кольцо — это город в России.
2. Города Золотого кольца известны уникальными памятниками истории и культуры России.
3. Туристический маршрут называется Золотое кольцо, потому что во всех городах, включённых в него, делали ювелирные украшения из золота.
4. Санкт-Петербург входит в Золотое кольцо России.
5. Сергиев Посад, Переславль-Залесский, Ростов Великий, Ярославль, Кострома, Иваново, Суздаль и Владимир — основные города Золотого кольца России.

ПОДВОДИМ ИТОГИ

✓ Какие ассоциации вызывает у вас сочетание *Золотое кольцо России*?
✓ Назовите три слова, которые характеризуют все города Золотого кольца России.
✓ Какие достопримечательности Золотого кольца России произвели на вас наиболее сильное впечатление?
✓ В каком городе Золотого кольца России вы хотели бы побывать?
✓ Существуют ли в вашей стране интересные туристические маршруты? Расскажите о них.

урок 7

Быт народов России

Лексика
виды хозяйственной деятельности •
традиционные занятия • жильё, дом, устройство
русской избы • современная квартира • аренда
жилья • характеристика современного жилища •
фразеологизмы, пословицы, поговорки

Грамматика
состав слова, образование сложных слов •
аббревиатура

Речевые ситуации
сообщение информации о месте проживания, видах
хозяйственной деятельности • описание жилища •
запрос информации по вопросу аренды жилья

ДАВАЙТЕ ОБСУДИМ

1. Какие ассоциации вызывает у вас слово «дом»?
2. Как вы понимаете русскую пословицу «В гостях хорошо, а дома лучше»?
3. Продолжите фразу: «Мой дом — мой(-я, -ё) …».

Задание 1.

А. Прочитайте словосочетания. Какому значению слова «дом» соответствует каждое словосочетание?

кирпичный дом

двухэтажный дом

«Россия — наш общий дом»

жилой дом

всё нести в дом

Здание

Родное место

Хозяйство

хлопотать по дому

дом отдыха

дом культуры

торговый дом

тёплый дом

Б. Подберите к слову «дом» свои определения (*какой?*).

ИСТОКИ РУССКОЙ ДУШИ

Задание 2. Прочитайте названия республик и некоторых народов Российской Федерации. Догадайтесь, кто где живёт, и составьте предложения по **модели:**

Кто (№ 1) живёт **где** (№ 6).

Например: Калмыки живут в Калмыкии.

	Республика		Коренное население
1.	Адыгея	●	чеченцы
2.	Алтай	●	башкиры
3.	Башкортостан	●	аварцы
4.	Бурятия	●	коми
5.	Дагестан	●	черкесы
6.	Ингушетия	●	карелы
7.	Кабардино-Балкария	●	калмыки
8.	Калмыкия	●	марийцы
9.	Карачаево-Черкесия	●	чуваши
10.	Карелия	●	алтайцы
11.	Коми	●	мордва
12.	Марий Эл	●	якуты
13.	Мордовия	●	крымские татары
14.	Якутия	●	ингуши
15.	Северная Осетия	●	тувинцы
16.	Татарстан	●	удмурты
17.	Республика Тыва	●	осетины
18.	Удмуртская Республика	●	татары
19.	Республика Хакасия	●	адыгейцы
20.	Чеченская Республика	●	кабардинцы
21.	Чувашская Республика	●	буряты
22.	Республика Крым	●	хакасы

Задание 3. Рассмотрите карту, где цифрами обозначены республики на территории Российской Федерации (названия см. на с. 69). Ответьте на вопросы.

1. Какая республика занимает самую большую / самую маленькую площадь на территории России?
2. Где находится Республика Крым?
3. Какая республика самая южная?

Некоторые народы России находятся на грани исчезновения. Численность этих малых народов составляет всего несколько сотен человек и меньше.

Чулы́мцы, живут на берегах реки Чулым в Красноярском крае, 355 человек. *О́роки* — коренные жители Сахалина, 295 человек. *Э́нцы*, живут на Таймыре, 227 человек. *Та́зы*, живут на реке Уссури в Приморском крае, 274 человека. *Ижора*, живут на северо-западе России на одноимённом притоке реки Невы, 266 человек. *Водь*, живут южнее Финского залива, на территории так называемой Водской пятины, 64 человека. *Кере́ки*, живут на границе Чукотки и Камчатки, их всего 4 человека.

(По данным переписи 2010 г.)

Задание 4. Сгруппируйте однокоренные слова. Уточните значение незнакомых слов.

Жить, хозяйственный, водить, тёплый, жилище, хозяйствовать, заниматься, проживать, занятой, построить, занятие, хозяин, разводить, строить, жилой, вести, построение, хозяйка, жизнь, устроить, ставить, установка, хозяйство, поставить, тепло, утеплять, строение.

ГРАММАТИЧЕСКАЯ ПОДСКАЗКА

Сложное слово
⌒ + о/е + ⌒
рыб**о**лов
(рыбу + ловит)

Задание 5.

А. Вспомните, какие существуют виды хозяйственной деятельности. Прочитайте информацию и приведите примеры.

Виды хозяйственной деятельности

- животноводство (оленеводство, коневодство, овцеводство и т. д.)
- переработка продукции животноводства
- собаководство
- разведение зверей
- пчеловодство
- рыболовство
- охота
- земледелие (огородничество)

- заготовка древесины
- собирательство (грибов, ягод, лекарственных растений и др.)
- добыча и переработка полезных ископаемых
- художественные промыслы и народные ремёсла
- строительство национальных традиционных жилищ

Б. Подпишите под фотографиями виды деятельности.

В. Назовите сложные слова, которые вам встретились в информации о видах деятельности.

Задание 6. Расскажите, какие виды хозяйственной деятельности распространены в вашей стране. Для ответа используйте **модели:**

> **Где** (№ 6) основным занятием **кого** (№ 2) является **что** (№ 1).
> **Кто** (№ 1), которые живут **где** (№ 6), в основном занимаются **чем** (№ 6).
> Традиционный промысел **кого** (№ 2) — это **что** (№ 1).
> **Кто** (№ 1) занимается **чем** (№ 6) **когда**.

Задание 7.

А. Прочитайте, как называются традиционные жилища разных народов России. Прослушайте тексты и подпишите фотографии.

ю́рта • чум • са́кля • и́глу • яра́нга • изба́

 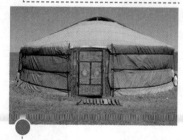 

Б. Найдите описание жилищ, перечисленных выше. Расскажите о каждом из них, используя речевые модели:

> **Что** (№ 1) является основным жилищем **кого** (№ 2).
> **Что** (№ 1) распространены **где** (№ 6).
> **Что** (№ 1) строится **из чего** (№ 2).
> **Что** (№ 1) представляет собой **что** (№ 4).
> Особенностью **чего** (№ 2) считается **что** (№ 1).
> Основу **чего** (№ 2) составляет **что** (№ 1).

Задание 8. Прочитайте слова и словосочетания, которые встретятся в тексте задания 9. Уточните значение незнакомых слов в словаре или у преподавателя.

Деревенский дом, крестьянский дом, крыльцо, холодные сени, рабочая одежда, утеплённая дверь, внутреннее убранство, русская печь, приготовление пищи, красный угол, икона, почётное место, настил из досок, колыбель.

Задание 9. Прочитайте текст самостоятельно. Нарисуйте схему избы. Сравните в группе получившиеся рисунки.

Путешествие по избе

Представьте себе, что мы входим в деревенский дом. Сначала поднимаемся на крыльцо, открываем массивную (*толстую, прочную, тяжёлую*), но небольшую деревянную дверь, переступаем через порóг (*возвышение*) и оказываемся в сенях — коридоре, который соединяет жилую и хозяйственную части большого дома. Сéни — это холодная часть дома, место, где хранятся вещи, необходимые в хозяйстве: вёдра, инструменты, рабочая одежда и т. п.

Открываем ещё одну тяжёлую дверь и входим в избу. Что же внутри? Мебели в избе немного: лáвки (*места для сидения около стен, также можно было на лавках спать*), скамьй (*места для сидения переносные*), иногда стулья, стол, посудные и другие полки.

Примерно четвёртую часть избы занимает русская печь. В крестьянском доме печь всегда была большой, так как играла важную роль в жизни семьи: в ней готовили пищу, пекли хлеб, на ней спали, лечились её теплом, сушили одежду и даже мылись в ней. Как правило, летом печь топили один раз — утром, готовя пищу для семьи и скота, потом закрывали печь, и еда была тёплой в течение всего дня. Рядом с печью лежали дровá (*сухое дерево, которое сжигали для получения тепла*).

По диагонали от печи — крáсный ýгол (*в разных уголках России его называют по-разному — святой, передний, большой*). Здесь помещаются иконы на специальной полке — божнúце, а под ними стоит обеденный стол. Красный угол считается самым почётным местом: под иконами во время свадьбы сажают жениха и невесту, а на праздники — наиболее уважаемых гостей.

Часть избы, прилегающая к печи, является женской половиной: там хозяйка готовит пищу, держит кухонную ýтварь (*посуду*).

В избе есть не только женская, но и, конечно же, мужская часть — та, где работает хозяин, глава семьи. Она располагается у входа, здесь же хранятся инструменты.

Важная часть деревенского дома — это полáти. Они представляют собой широкий настил из досок под потолком, где спала вся семья. Полати — самое любимое место детей, так как с высоты можно наблюдать за всем, что происходит в избе. Если в доме был маленький ребёнок, он спал в колыбели, которая висела в середине избы. А старики и больные спали на печке — самом тёплом месте.

Задание 10. Составьте к тексту вопросы. Решите, кто первым задаст группе свой вопрос. Тот, кто ответит первым, задаёт следующий вопрос. Определите самого внимательного читателя.

Задание 11. Рассмотрите фотографии и подпишите их.

Слова для справок: красный угол, крыльцо, женская часть, мужская часть, полати, печь.

Задание 12. Используя свою схему и информацию урока, расскажите, как устроена русская изба. При ответе вам помогут вопросы:

1. Из каких частей состоит русская изба?
2. Как называется помещение, которое соединяет жилую и хозяйственную части большого дома?
3. На какие половины делится изба?
4. Где находится мужская часть избы?
5. Какое место в избе занимает женская часть?
6. Как называется самое почётное место в избе, что там находится?
7. Какое место в избе было самым любимым у детей? Почему?

Задание 13. Напишите синквейн[1] о доме.

Модель	Пример
1. Что? (тема)	Дом.
2. Какой? Какой?	Светлый, уютный.
3. Что делает? Что делает? Что делает?	Греет, охраняет, укрывает.
4. Кто/что делает что?	Семья там живёт, хозяйство ведёт.
5. Что (слово — ассоциация с темой)	Счастье.

---

[1] **Синквéйн** — это стихотворение, написанное по следующим правилам:
1-я строка — одно существительное, выражающее главную тему.
2-я строка — два прилагательных, выражающие главную мысль.
3-я строка — три глагола, описывающие действия в рамках темы.
4-я строка — фраза, несущая определённый смысл.
5-я строка — заключение — существительное — ассоциация с первым словом.

Задание 14.

А. Рассмотрите репродукцию картины П.Ф. Судакова «Деревенский интерьер» (1981 г.) и опишите её.

Используйте следующие **модели:**

> Перед нами репродукция с **чьей** картины, которая называется **как**.
>
> Картина была написана художником в **каком** году.
>
> На ней изображено **что**.
>
> Печь — это каменное сооружение **для чего**.
>
> Рядом с печью мы также видим **что**.
>
> Эти предметы необходимы **где**, **для чего**.
>
> На полу лежит **что**.
>
> В левом верхнем углу картины **что**, которая ведёт **куда**.
>
> Такое устройство дома характерно **для чего** (название жилища).
>
> Избы распространены **где**.

 Б. Найдите в интернете репродукцию картины, на которой изображён интерьер избы. Охарактеризуйте её письменно.

Задание 15.

А. Знаете ли вы, что такое баня? Объясните. Прочитайте информацию. Скажите, есть ли в вашей стране такие сооружения.

Русская баня — это особое место. На Руси бани существовали уже в I веке. Апостол Андрей после посещения Новгорода описал банный обряд как радостное мучение. В наши дни бани также популярны и являются источником здоровья, местом отдыха и способом очищения.

Б. Прочитайте поговорки и пословицы о бане. Как вы их понимаете?

- В бане мыться — заново родиться.
- Хорошая баня лучше сытного обеда.

Задание 16.

А. Рассмотрите схему типичной современной квартиры, ответьте на вопросы.

1. Сколько комнат в этой квартире?
2. Для чего они предназначены?
3. На скольких человек рассчитана такая квартира?
4. Какие недостатки, на ваш взгляд, у этой квартиры?

 Б. Придумайте ситуации и разыграйте диалоги, используя эти вопросы.

Задание 17. Обсудите, где лучше жить: в собственном доме или в квартире. Приведите свои аргументы по следующим позициям:

— площадь;

— комфорт;

— соседи;

— стоимость содержания;

— возможности.

Для ответа используйте следующую информацию:

Задание 18.

А. Познакомьтесь с новыми словами и аббревиатурами. Скажите, актуальны ли для вашей страны эти понятия?

Арендовáть/снять (снимáть) — брать чужое имущество (квартиру, землю, технику) в аренду (во временное пользование) за плату.

Арендáтор/нанимáтель — человек, который берёт чужое имущество в аренду. (*Например*: Студент снимает квартиру. Он арендатор.)

Сдать (сдавáть) в арéнду — давать своё имущество (квартиру, землю, технику) в аренду (во временное пользование) за плату.

Арендодáтель — человек, который даёт своё имущество в аренду. (*Например*: Хозяин сдаёт квартиру. Он арендодатель.)

Риéлтор — это специалист, который занимается операциями с недвижимостью: помогает выбрать квартиру, продать, купить, снять, сдать, оформить договор, подготовить документы. Обычно риелторы работают в агентствах недвижимости.

Залóг — сумма денег, которая выплачивается арендатором на случай неожиданных ситуаций: ремонт, поломка, чтобы арендодатель смог это оплатить. Если не появилось проблемных ситуаций, то эти деньги возвращаются арендатору после окончания договора.

ЖКХ — жилищно-коммунальное хозяйство.

УК — управляющая компания.

Коммунáльные услýги — это услуги по обеспечению (обеспечивать — давать в нужном количестве) электроэнергией, газом, теплом, чистой холодной и горячей водой, чистоты и порядка на лестницах, в подвалах, на чердаках, придомовых территориях, по отведению и очистке сточных вод (вода после использования, грязная вода), по вывозу мусора. Коммунальные услуги предоставляет ЖКХ.

Коммунáльные платежú — это плата за коммунальные услуги.

Б. Прочитайте диалог. Обратите внимание на выделенные в тексте фразы. Запишите их и запомните.

Аренда квартиры

— Алло! Здравствуйте! Я **звоню по объявлению** об аренде жилья. **Речь идёт о** двухкомнатной квартире на Садовой улице. Она **ещё свободна**?

— Добрый день! Да, квартира ещё свободна.

— Я хотел бы **прояснить несколько вопросов**.

— Да, конечно. Спрашивайте, пожалуйста!

— **Какого размера квартира**?

— Это двухкомнатная квартира с ванной комнатой и кухней. Площадь — 52 квадратных метра.

— **В каком состоянии** квартира?

— В хорошем. Ремонт делали в квартире год назад.

— Квартира **уже сдавалась раньше** или **сдаётся впервые**?

— Раньше квартиру снимала молодая семейная пара без детей.

— **Санузел совмещённый или раздельный**?

— Туалет и ванная разделены. В ванной есть душевая кабина и ванна.

— В кухне **есть мебель**?

— Нет, кухня пустая.

— А какая мебель есть в комнатах?

— В спальне — двуспальная кровать. В гостиной — диван и стол со стульями. Кроме того, в коридоре есть большой шкаф.

— Итак, квартира находится на Садовой улице. Это **далеко от центра города**?

— Нет, недалеко. На машине до центра города примерно 15 минут, на метро — примерно полчаса.

— До метро далеко?

— Пешком 5–7 минут.

— Ясно. Стоимость аренды 30 000 рублей в месяц. Сюда **входят дополнительные расходы**?

— Нет, дополнительные расходы не включены.

— Это **без коммунальных услуг**?

— Абсолютно верно. Дополнительно вам нужно будет **платить за** электроэнергию, вывоз мусора, воду и отопление.

— Хорошо. **Нужно платить залог**?

— Да. Сумму в размере месячной арендной платы без коммунальных услуг.

— Хорошо. Я могу **посмотреть квартиру**?

— Конечно. Когда вы хотите прийти?

— Сегодня, если это возможно.

— Приходите. Во сколько?

— Я могу после семи вечера. Подходит?

— Да, подходит. Скажите ещё: у вас большая семья?

— Нас трое. Я, моя жена и наш сын.

— **На какой срок вы хотите снять квартиру**?

— **На длительный**, минимум на три года.

— Ясно. Хорошо, жду вас сегодня. До встречи!

— До свидания!

В. Подберите к выделенным фразам синонимичные.

Задание 19.

А. Прочитайте внимательно все объявления. Скажите, кому подходит предложение об аренде жилья (Артёму, молодой паре, Николаю). Используя информацию из объявлений, докажите своё мнение.

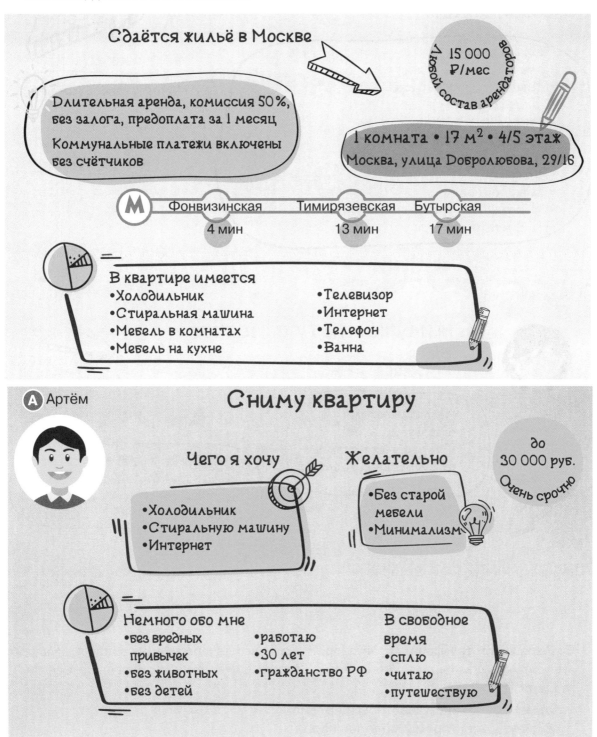

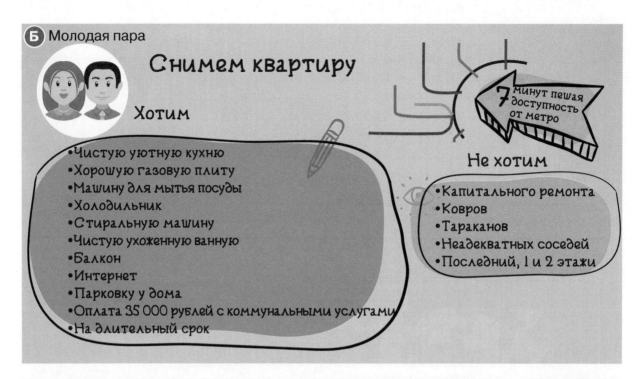

Б Молодая пара

Снимем квартиру

Хотим

7 минут пешая доступность от метро

- Чистую уютную кухню
- Хорошую газовую плиту
- Машину для мытья посуды
- Холодильник
- Стиральную машину
- Чистую ухоженную ванную
- Балкон
- Интернет
- Парковку у дома
- Оплата 35 000 рублей с коммунальными услугами
- На длительный срок

Не хотим

- Капитального ремонта
- Ковров
- Тараканов
- Неадекватных соседей
- Последний, 1 и 2 этажи

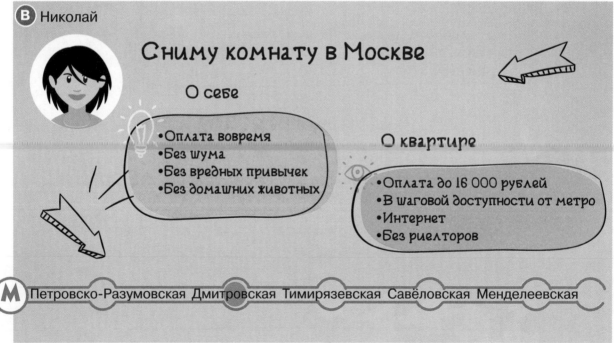

В Николай

Сниму комнату в Москве

О себе

- Оплата вовремя
- Без шума
- Без вредных привычек
- Без домашних животных

О квартире

- Оплата до 16 000 рублей
- В шаговой доступности от метро
- Интернет
- Без риелторов

М Петровско-Разумовская Дмитровская Тимирязевская Савёловская Менделеевская

Б. Разыграйте телефонный разговор. Задайте все интересующие вопросы, обсудите все условия, указанные в объявлениях. Используйте в разговоре ключевые фразы из задания 18Б.

    а) между хозяином квартиры и Артёмом,

    б) между риелтором и молодой парой,

    в) между хозяйкой квартиры и Николаем.

Задание 20.

А. Прочитайте пословицы и поговорки. Как вы думаете, что они означают?

- Порядок в доме есть — хозяину честь.
- Всякий дом хозяином держится.
- Дома и стены помогают.

Б. Какие ещё поговорки и пословицы о доме вы знаете? Как они характеризуют дом? Каким должен быть дом?

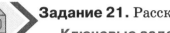

Задание 21. Расскажите о своём доме и принятых в нём традициях.

Ключевые задания:

1 Сделайте фотоколлаж своего дома.

2 Расскажите:

— Где вы живёте: в собственном доме, квартире, многоквартирном доме...?

— Из какого материала построен ваш дом (кирпич, дерево, панели ...)?

— Нарисуйте план своего жилья и покажите, на какие части оно делится (коридор, кухня, столовая, спальня, гостиная, ванная, туалет, балкон, кладовая, терраса...).

— Какую функцию выполняет каждая из этих частей (здесь раздеваются, снимают обувь, моют руки, принимают душ, готовят, едят, отдыхают...)?

— Какое у вас самое любимое место в доме и почему?

— Что в вашем доме особенного? Чем он отличается от многих других?

— Что значит для вас дом?

В своём сообщении используйте **модели**:

Я живу в ... .

... (дом) — это место **для чего**, которое построено **из чего**.

... (дом) состоит **из (каких частей)**.

... (дом) делится **на (какие части)**.

... — это место в доме, которое служит **для чего**.

... — это место в доме, где делают **что**.

Здесь находится **что**.

Слева/справа **от чего** располагается **что**.

ПОДВОДИМ ИТОГИ

✓ Каким видом хозяйственной деятельности вы хотели бы заниматься?

✓ Считаете ли вы необходимым сохранение национальных жилищ? Объясните своё мнение.

✓ Какие традиционные дома жителей России вы хотели бы увидеть и посетить? Чем они привлекли ваше внимание?

✓ Есть ли у вас опыт аренды жилья? Поделитесь впечатлениями.

✓ Для каждого человека существуют значимые характеристики дома/квартиры. Для одних важен вид из окна (на природу, на город, во двор, на улицу), для других — размер жилья, для третьих — тишина и т. д. Что является самым важным в доме для вас?

УРОК 8
Русская национальная кухня

Лексика	названия блюд, продуктов • слова, употребляемые при описании кулинарных рецептов
Грамматика	неопределённо-личные и безличные предложения • образование имён прилагательных от имён существительных • причинно-следственные конструкции
Речевые ситуации	сообщение информации о блюдах русской кухни, о приготовлении блюд национальной кухни

ДАВАЙТЕ ОБСУДИМ

1. Какую национальную кухню вы предпочитаете?
2. Какие блюда вы любите?
3. Как вы думаете, какие факторы влияют на особенности национальной кухни?

Факторы, которые влияют на особенности национальной кухни

Задание 1. Посмотрите на иллюстрации этого урока и найдите знакомые вам блюда русской кухни. Как они называются и из чего приготовлены?

Задание 2.

А. Послушайте информацию и скажите, что определяет характер национальной кухни, приведите примеры.

Используйте конструкции: На особенности национальной кухни влияют такие факторы, как … .

> **Где / в какой** стране (№ 6) популярен / популярна(-о, -ы) **что** (№ 1), потому что … .
> **Где / в какой** стране (№ 6) не едят **что** (№ 4), потому что … .

Б. Расскажите об особенностях национальной кухни своей родной страны.

ИСТОКИ РУССКОЙ ДУШИ

Задание 3. Посмотрите на иллюстрации и подпишите, что на них изображено. Какие продукты часто используют при приготовлении национальных блюд в вашей стране?

Слова для справок: мука, грибы, мёд, свёкла, крупа, репа, сухофрукты, мясо, рыба, сметана, яйцо, картофель, помидор, капуста, огурец, лук, морковь, растительное масло, сливочное масло, варенье.

Задание 4. Посмотрите на иллюстрации и прочитайте названия блюд русской национальной кухни. Скажите, о каком блюде вы слышите впервые. Обсудите в группе, какие продукты используются для приготовления этих блюд.

Блюда русской национальной кухни

каша щи уха рассольник

блины пирог пирожки пельмени

Задание 5. Прочитайте глаголы, которые употребляют, когда говорят о приготовлении разных блюд. Проанализируйте данные примеры и придумайте свои с этими же глаголами.

замораживать — заморозить (*что?*)	заморозить мясо, рыбу, пельмени
наре́зать — наре́зать (*что? как?*)	нарезать лук мелко
заливать — залить (*что? чем?*)	залить гречку водой, кипятком
класть — положить (*что? куда?*)	внутрь пирога кладут капусту
печь — испечь (*что? где?*)	блины пекут на сковороде
добавлять — добавить (*что? куда?*)	в кашу добавляют масло
варить — сварить (*что?*)	варить мясо, варить кашу
бросать — бросить (*что? куда?*)	пельмени бросают в воду
подавать — подать (*что? куда? с чем?*)	грибные блюда подают к столу с гарниром

ГРАММАТИЧЕСКАЯ ПОДСКАЗКА

Запомните!

1. В кашу **добавляют** масло — используется форма настоящего времени от глагола несовершенного вида, так как речь идёт о том, что делают обычно, когда готовят кашу.

2. Надо **добавить** в кашу масло — после слова «надо» используется инфинитив глагола совершенного вида.

Задание 6. Представьте, что на день рождения вы хотите угостить гостей блюдами своей национальной кухни. Продумайте меню.

Ключевые задания:

 Составьте меню. Запишите названия блюд.

2 Расскажите, что вы приготовите.

— Что представляют собой эти блюда?

— Из каких продуктов готовят эти блюда?

— Как можно приготовить эти блюда?

— Сколько времени нужно, чтобы приготовить каждое блюдо?

В своём рассказе используйте **модели**:

Что (№ 1) — это **что** (№ 1).

Пшено — это крупа.

Что (№ 1) готовят **из чего** (№ 2).

Хлеб готовят из муки.

При приготовлении **чего** (№ 2) используют **что** (№ 4).

При приготовлении ухи используют рыбу.

Куда (№ 4) кладут **что** (№ 4).

В пирог кладут капусту.

Куда (№ 4) добавляют **что** (№ 4).

В кашу добавляют масло.

Что (№ 4) подают к столу **с чем** (№ 5).

Мясные блюда подают к столу с гарниром.

Что (№ 4) едят **с чем** (№ 5).

Щи едят со сметаной.

 Задание 7. Прочитайте пословицы и обсудите, почему русские так говорят.

• Щи да каша — пища наша.

• Плох обед, если хлеба нет.

• Кашу маслом не испортишь.

Вспомните

Образование прилагательных от существительных

хлеб — хле́бный	овёс — овся́ный
рыба — ры́бный	пшено — пшённый
мясо — мясно́й	праздник — пра́здничный
гриб — грибно́й	традиция — традицио́нный
рожь — ржано́й	лето — ле́тний
пшеница — пшени́чный	круг — кру́глый
рис — ри́совый	квадрат — квадра́тный

Задание 8. Найдите и запишите однокоренные слова, определите часть речи (существительное, прилагательное, глагол).

Варить, праздничный, вкусный, хлебный, готовить, традиция, солёный, варка, соль, приготовление, вкус, зелень, праздник, солить, мясо, варёный, мясной, хлеб, традиционный, зелёный.

Задание 9. Найдите среди данных слов антонимы, составьте с ними словосочетания.

Холодный, твёрдый, варёный, крупный, мягкий, вкусный, сырой, мелкий, невкусный, горячий.

Задание 10.

А. Прочитайте текст и скажите, какая информация о русской кухне удивила вас.

Русская национальная кухня

Русская национальная кухня... Что вы знаете о ней? Конечно, все знают русские блины, чай из самовара, щи...

Для русской кухни характерны блюда, которые готовят из муки: хлеб, пироги, пирожки, пряники, блины. Главный продукт на русском столе — хлеб. «Будет хлеб — будет и обед», — говорится в русской пословице. В России выпекают белый (из пшеничной муки) и чёрный (из ржаной муки) хлеб. Чёрный хлеб — это традиционный русский хлеб. У него особый вкус и аромат. Хлеб на Руси был не просто едой, а символом достатка, благополучия. В России есть обычай встречать дорогих и почётных гостей хлебом-солью. Кроме того, до нашего времени сохранилась свадебная традиция встречать хлебом-солью жениха и невесту.

На праздники в России любят печь пироги. Слово «пирог» происходит от слова «пир» — праздник. Внутрь пирога кладут начинку: мясо, рыбу, капусту, грибы, яйца, яблоки, творог или варенье. Маленькие пироги называются пирожками.

Пряники — это сладкое изделие из муки, в которое добавляют мёд и пряности. Пряники могут быть круглыми, квадратными, в форме птиц, зверей и т. п.

Блины — главное праздничное блюдо на Масленицу. Блины пекут на сковороде и смазывают сливочным маслом. Едят блины со сметаной, с мёдом, с вареньем.

Одно из главных блюд в питании русских людей — суп. Это могут быть щи, борщ, уха (рыбный суп), рассольник. Русские очень любят щи. **Щи** — это суп из свежей или квашеной капусты. Классические щи готовят на мясном бульоне. В них кладут лук, морковь, картофель, помидоры. Часто щи едят со сметаной. Зимой особенно хороши горячие щи на мясном бульоне. Про щи говорят: «Щей поел, словно шубу надел». **Борщ** тоже готовят из овощей и мяса. Но основной компонент борща — это свёкла.

Именно свёкла придаёт борщу цвет, вкус и аромат. **Рассольник** получил своё название от солёных огурцов, которые используют для приготовления этого супа. Часто рассольник варят с перловой крупой.

После супа обычно едят второе блюдо. Это могут быть рыбные, мясные или грибные блюда, которые подают к столу с гарниром. Гарнир может быть из картофеля, круп, овощей.

Для русских людей картофель — это «второй хлеб». Картофель начали употреблять в пищу только в конце XVII века при Петре I. До появления картофеля «вторым хлебом» на Руси была репа. В наше время репа уже не так популярна.

Традиционное блюдо на русском столе — каша. Каши варят на воде или молоке. Русские люди едят разные каши: гречневую, пшённую, манную, рисовую, овсяную. В кашу добавляют масло, мёд, сухофрукты.

Вы знаете, что такое пельмени? Это фарш в тесте. Фарш делают из говядины, свинины, баранины. Пельмени замораживают, а потом бросают в горячую воду. Через 15 минут они готовы. Пельмени едят со сметаной, со сливочным маслом, в бульоне. Очень вкусное блюдо.

Традиционным русским напитком издавна был квас — кисловатый напиток на основе хлеба. Квас используют для приготовления **окрошки** — холодного супа, в который обычно кладут варёный картофель, свежие огурцы, варёные яйца и зелёный лук. Эти компоненты надо мелко нарезать, а потом залить квасом. Окрошка — это популярное летнее блюдо.

Б. Как по-другому можно назвать этот текст? Найдите в тексте и прочитайте названия блюд русской кухни.

В какой части текста говорится:

— о блюдах, которые готовят из муки;

— о супах;

— о гарнирах к рыбным, мясным, грибным блюдам;

— о традиционном русском напитке?

В. Прочитайте предложения и исправьте неверные утверждения.

1. В день свадьбы жениха и невесту встречают блинами.
2. Блины — это блюдо из муки.
3. Главное праздничное блюдо на Масленицу — пряники.
4. Уха — это рыбный суп.
5. Картофель начали употреблять в пищу при Петре I.
6. Основной компонент борща — солёные огурцы.
7. Окрошка — это холодный суп из кваса.
8. Квас — это традиционный русский напиток.

Г. Ответьте на вопросы по тексту.

1. Какие русские блюда из муки вы знаете?

2. Какой хлеб является традиционным русским?

3. Что такое пряники?

4. Какие супы популярны в русской кухне?

5. Что такое «второй хлеб»?

6. Какие каши есть в русской кухне?

7. Что такое окрошка?

Д. Дополните предложения подходящими по смыслу словами.

1. «... — всему голова». 2. В день свадьбы жениха и невесту встречают ... и солью. 3. Слово «пирог» происходит от слова «пир» — ... . 4. Основной компонент борща — это ... . 5. Для русских людей картофель — это «второй ...». 6. Русские люди едят разные ...: гречневую, пшённую, манную, рисовую, овсяную. 7. ... — это фарш в тесте. 8. ... — летний холодный суп на основе кваса.

Е. Вспомните, из чего готовят эти блюда. Соедините названия блюд и ингредиенты.

Задание 11. Вспомните этикетную фразу, которую русские произносят перед едой. Обсудите, что принято говорить перед едой в вашей стране.

В разных городах России ежегодно устраивают кулинарные праздники. Например, в Тамбове проходит фестиваль «Тамбовская картошка», в Ростове Великом — «Великая ростовская уха», в Ижевске отмечают «День пельменя», в Суздале — «День огурца», в Астрахани — «День арбуза». Обычно на таких фестивалях повара готовят разные блюда, угощают ими гостей. Также на гастрономических праздниках устраиваются концерты, конкурсы, проводятся мастер-классы по приготовлению блюд и резьбе из овощей.

Задание 12.

А. Посмотрите на фотографии и определите, какой кулинарный праздник отмечают люди. Аргументируйте свой ответ. Подпишите фотографии.

Используйте конструкцию: Я думаю, что на первой фотографии люди отмечают ..., потому что здесь можно увидеть ... .

 Б. Найдите фотографию с изображением кулинарного фестиваля в России и предложите своему партнёру угадать, какой праздник отмечают люди.

Задание 13. Расскажите об одном из кулинарных праздников в вашей стране. В своём рассказе используйте **модели**:

> **Где** (№ 6) проходит **какой праздник**.
>
> Повара готовят **что** (№ 4).
>
> В этот день проводятся разные мероприятия: конкурсы, мастер-классы, ...
>
> Люди участвуют **в чём** (№ 6).

Задание 14. Расскажите о русской кухне и кухне своей страны, опишите их общие и отличительные черты. Используйте вопросный **план**:

1. Какие блюда популярны?
2. Как готовят блюда?
3. Какие кулинарные традиции существуют?
4. Какие кулинарные праздники отмечают?
5. Что вам нравится в русской кухне и в своей национальной кухне?

Используйте конструкции: В России популярны такие блюда, как ... .

В моей стране популярны другие блюда, например ... .

В отличие от русской кухни, для ... кухни характерно ... .

В России есть традиция, когда ... .

В моей стране также существует традиция, когда ... .

В России в некоторых городах отмечают кулинарные праздники, например ... .

В русской кухне мне нравится то, что... / такие блюда, как ... .

Задание 15. ИГРА 1. «Блюда русской кухни» (Приложение 5).

Правила: Участники делятся на 2-3 группы. В своей группе они рассматривают карточки и обсуждают названия блюд. Затем каждый игрок из своего набора выбирает 2-3 карточки с понравившимися блюдами, не показывая их другим членам своей группы.

Задача: задавая вопросы, угадать, какое блюдо русской кухни загадал каждый игрок.

Примеры вопросов: Ты любишь щи? / Тебе нравится каша?

Тот, кто угадывает название блюда, берёт карточку себе. Побеждает игрок, собравший больше карточек. Победитель каждой мини-группы сообщает, кто какие блюда русской кухни в его команде любит.

ИГРА 2. «Что перепутал повар?» (Приложение 5).

Правила: участники делятся на две группы. Каждая группа составляет для другой задание, раскладывая на столе 5 карточек-блюд и рядом с каждым блюдом — карточки-ингредиенты, которые используют при его приготовлении. При этом игроки специально допускают ошибку: кладут лишнюю карточку — ингредиент, который нельзя добавить в это блюдо (например, карточка «рис» рядом с карточкой «борщ»). Поочерёдно выполняя задания друг друга, команды зарабатывают баллы за правильно выполненные задания, комментируя «ошибки повара».

Например: — Повар добавил в щи рис. Это неправильно. Нельзя добавлять рис в щи.

Задание 16.

А. Что такое топор и для чего он нужен? Как вы думаете, можно ли приготовить кашу из топора? Прочитайте сказку и скажите, как солдат сварил кашу из топора.

Каша из топора
Русская народная сказка

Возвращался солдат домой из похода, зашёл в один дом и говорит хозяйке:

— Здравствуй, хозяйка! Будь добра, дай мне чего-нибудь поесть.

А старуха была жадная, не хотела солдата угощать:

— Ох, добрый человек, сама сегодня ещё ничего не ела. Нет ничего!

Тут солдат увидел под лавкой топор и говорит:

— Коли[1] нет ничего, можно и из топора кашу сварить!

«Что за диво![2] — думает бабка. — Дай-ка посмотрю, как он из топора кашу сварит!»

— Дай-ка котёл, покажу тебе, как кашу из топора варят.

Старуха принесла ему котёл. Солдат топор вымыл, положил его в котёл, налил воды и поставил на огонь. А старуха на солдата смотрит, глаз не сводит[3].

— Скоро будет готово, — отвечает солдат, — жаль, что соли нет.

— Соль-то у меня есть, посоли.

Солдат посолил, снова попробовал:

— Хороша каша, только б чуть-чуть крупы добавить!

Старуха принесла ему крупы.

Варил-варил солдат, попробовал и говорит:

— Почти готово, только б маслом сдобрить!

Бабка принесла масла. Добавил его солдат в кашу.

Достал солдат ложку, попробовал...

— Ну, как? — спрашивает старуха.

— Ну, хозяйка, теперь бери ложку, будем кашу есть!

Старуха кашу ест и удивляется:

— Вот уж не думала, что из топора такую кашу сварить можно!

А солдат ест и посмеивается.

---

[1] **Коли** *(прост.)* — если.
[2] **Что за диво!** *(прост.)* — Удивительно!
[3] **Глаз не сводит.** — Смотрит очень внимательно.

Б. Какое высказывание соответствует этой сказке?

а) Из топора можно сварить вкусную кашу.

б) Солдат перехитрил жадную старуху благодаря своей находчивости.

в) У старухи не было в доме продуктов.

В. Вспомните сказку с похожим сюжетом и расскажите её.

ПОДВОДИМ ИТОГИ

✓ Что нового вы узнали о русской национальной кухне?

✓ Что было интересно?

✓ Что было трудно?

✓ Какие блюда русской кухни вы хотели бы попробовать?

✓ Что вы хотите узнать по этой теме дополнительно?

Русский характер

Лексика — черты характера

Грамматика — род и число имён прилагательных • образование имён существительных от имён прилагательных

Речевые ситуации — описание характера человека • проявление характера человека в его облике

ДАВАЙТЕ ОБСУДИМ

1. Рассмотрите облако слов. Догадайтесь, какое понятие объединяет все эти слова.

2. Что вы знаете о русском характере?

3. Как вы считаете, влияет ли характер человека на его жизнь?

Задание 1.

А. Прочитайте слова. Уточните значение новых слов, запишите их в тетрадь и запомните. Какой частью речи являются эти слова? Согласны ли вы с таким распределением черт характера на положительные и отрицательные?

Черты характера	
положительные	**отрицательные**
аккуратный	небрежный (неаккуратный) рассеянный (забывчивый)
откровенный	скрытный, лицемерный
трудолюбивый	ленивый
энергичный	пассивный
честный (правдивый)	лживый
добрый	злой
весёлый	скучный
щедрый	жадный (скупой)
бескорыстный	корыстный
уверенный в себе	застенчивый
общительный	замкнутый
смелый	робкий
мужественный	трусливый
скромный	наглый

Б. Образуйте от этих прилагательных формы женского рода и множественного числа.

Чтобы образовать существительное женского рода от прилагательного, нужно у прилагательного убрать окончание и прибавить суффикс **-ость**.

Например: аккуратный → аккуратн + ость = аккуратность

В. Назовите существительные, которые образуются от данных прилагательных по указанной выше модели.

Задание 2. Напишите положительные и отрицательные черты своего характера. Какие из них вам помогают в жизни, а какие мешают?

Задание 3. Составьте возможные словосочетания, употребив их в нужной форме.

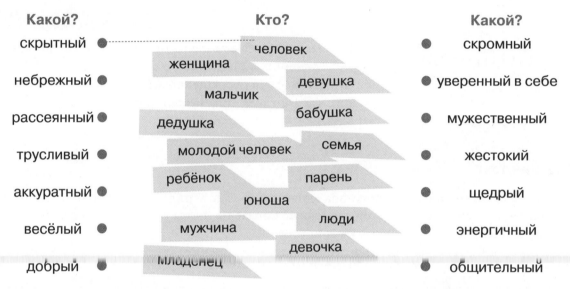

Какой?	Кто?	Какой?
скрытный	человек	скромный
небрежный	женщина	уверенный в себе
рассеянный	девушка	мужественный
трусливый	мальчик	жестокий
аккуратный	дедушка	щедрый
весёлый	бабушка	энергичный
добрый	семья	общительный
	молодой человек	
	ребёнок	парень
	юноша	
	мужчина	люди
	девочка	
	младенец	

Задание 4. Рассмотрите фотографии. Определите, какие черты характера присущи этим людям.

Задание 5. Повторите выражение за преподавателем и объясните его смысл.

Посеешь поступок, пожнёшь привычку,
Посеешь привычку, пожнёшь характер,
Посеешь характер, пожнёшь судьбу.

// ЭТО ИНТЕРЕСНО

Русский характер... Он так и остаётся загадкой для иностранцев. Выражение «русский характер» означает, что человек обладает сильной волей, выносливостью, никогда не сдаётся перед трудностями. Судьба русского лётчика Алексея Петровича Маресьева (1916–2001) — яркий тому пример. Из-за тяжёлого ранения во время Великой Отечественной войны ему ампутировали обе ноги, но, несмотря на это, лётчик вернулся в небо и летал

с протезами. Всего за время войны он совершил 86 боевых вылетов, сбил 10 самолётов врага: три — до ранения и семь — после.

Задание 6.

А. Прослушайте описания и скажите, какой характер у этих людей. Вы встречали таких людей?

Б. Найдите среди фотографий соответствующие описаниям. Объясните свой выбор.

Используйте конструкции: Я думаю, что...
Можно предположить, что...
Я уверен, что...

В. Дайте своё описание людей на фотографиях, характеристики которых не прозвучали в записи.

Были́на — это старинная народная песня или сказание (легенда), в которой рассказывается о народных героях (богатырях) и исторических событиях XI–XVI веков. Былины передавали устно из поколения в поколение. Исполнителей былин называли сказителями.

Богатыри́ — герои былин и сказаний. Они отличаются невероятной силой и совершают подвиги. В летописях сохранились указания на то, что некоторые события, описанные в былинах, действительно имели место в истории. Богатыри защищали Русь.

Задание 7. Прочитайте слова, которые встретятся в тексте задания 8. Уточните значение новых слов в словаре или у преподавателя.

славный = хороший

вдоволь = много

горе = несчастье

мучить — *здесь*: расстраивать

служить — *здесь*: выполнять свою функцию

резвый = быстрый

диво = чудо

горница = комната

жеребёнок = дитя лошади

хозяин = главный член семьи

палица = оружие

кланяться — делать поклон

дружина = отряд воинов

забрести = прийти случайно

милостыня = материальная помощь

недвижимый = человек, который не может двигаться

старик = дедушка

нищий — бедный человек

слезть = спуститься

погреб = холодное место в доме, где хранят продукты

латы = одежда воина из металла

князь (княгиня) = глава государства и его жена

великан = человек огромного роста

пир = праздник с хорошим угощением

Задание 8.

А. Прочитайте былину об Илье Муромце и составьте план для пересказа. Какими чертами характера отличался этот богатырь?

Исцеление Ильи Муромца

Жил в славном городе Муроме крестьянин Иван Тимофеевич. Хорошо жил, всего в доме было вдоволь. Да одно горе его мучило: сынок его любимый, Илеюшко, ходить не мог: с детства не служили ему ноги резвые. Сидел Илья на печке в избе родительской ровно тридцать лет.

Ушли родители его в поле на работу крестьянскую. А к Илье под окно старички забрели нищие. Просят:

— Подай нам, Илеюшко, милостию. Да напои нас квасом.

Позвал их Илья в избу, говорит им:

— Подал бы я вам милостыню и квасом напоил бы — у нас в доме всего много — да видите: я недвижимый сижу!

Три раза просили его старички, три раза Илья им отказывал.

— А ты попробуй-ка, Илья, с печки слезть, — говорят нищие.

Потянулся Илья, спустил ноги с печи, встал на них — диво дивное! Пошли ноги по избе, словно и не он, Илья, безногим был.

Скоро сходил Илья в другую горницу за деньгами, подаёт старичкам. А те не берут, говорят:

— Теперь принеси нам напиться кваса сладкого.

И в погреб Илья сбегал, — себя не помнит от радости, что поправился. Нацедил чашу кваса сладкого, перед нищими поставил. А нищие попили да и говорят:

В. Васнецов. Богатыри (1898 г.)

— Допивай, что в чаше осталось. Да вторую неси нам.

И из второй чаши они попили, а Илья опять остатки допил. И почуял он в себе здоровье богатырское, силу непомерную. Говорят ему старички:

— Проси, чтобы отец тебе жеребёночка купил. Пои его речной водой, корми пшеницей, давай ему по траве бегать. Вырастет у тебя богатырский конь, хозяину товарищ. Заведи себе палицу тяжёлую, латы богатырские, нож булатный. Могучим богатырём, Илья Муромец, станешь. И не бойся с врагом в поле встретиться: тебе в бою смерть не писана. А теперь иди в поле, расскажи родителям, что с тобою случилось.

И исчезли старички нищие. Собрал Илья наскоро пищу, питьё и в поле побежал к родителям. Обрадовались родители, говорят:

— Поезжай, наше дитятко милое, в чистое поле, из чиста поля — в славный Киев. Низко кланяйся князю с княгинею, войску русскому, богатырям-товарищам. Обходись со всеми вежливо.

Всё сделал Илья, как старички нищие его научили. Коня себе богатырского выкормил, латы, оружие достал. Стал богатырём-великаном и отправился в Киев на службу к князю Владимиру.

Ласково встретил его Владимир.

— Ты чей, добрый молодец? Ты какого отца, какой матери?

Отвечает Илья:

— Я из города Мурома, из села я Карачарова, а зовусь я Илья Муромец. Позволь, князь, мне в чисто поле съездить, набрать себе дружину храбрую, друзей-товарищей.

Говорит ему Владимир Красно Солнышко:

— Поезжай ты во чисто поле, набирай себе дружину могучую. А оттуда приезжай ко мне на пир. Быть тебе старшим над всеми богатырями русскими.

Поехал Илья в чисто поле. Там нашёл он и Добрыню Никитича, и Алёшеньку Поповича, и других богатырей. Подружились с ним богатыри-товарищи.

Поклонились они ему. Признали его самым сильным, самым храбрым из богатырей земли киевской.

Б. Перескажите былину «по цепочке».

Задание 9. Назовите одним словом. Запишите свой ответ в таблицу.

Описание	Какой характер?
1. Человек, который любит труд, много работает.	
2. Человек, который всегда рад помочь другим людям, близко к сердцу принимает их проблемы.	
3. Человек, который делает всё вовремя и аккуратно.	
4. Человек, который всегда говорит правду.	
5. Человек (друг), который, несмотря ни на что, будет рядом и в горе, и в радости.	
6. Человек, который обязательно выполнит своё обещание.	
7. Человек, который любит общество, легко знакомится с людьми.	
8. Человек, который очень любит самого себя.	
9. Человек, который любую работу выполняет с энтузиазмом, с энергией.	
10. Человек, который относится к людям свысока.	
11. Человек, который погружён в самого себя.	
12. Человек, который сегодня обещает вам помочь, а завтра забывает об этом.	
13. Человек, который ничего не боится.	
14. Человек, который плохо, неаккуратно всё делает.	
15. Человек, который всегда забывает в гостях свои вещи.	
16. Человек, который может ударить животное.	
17. Человек, который думает одно, а говорит другое.	
18. Человек, который не обращает внимания на несчастья других.	
19. Человек, который не любит работать.	
20. Человек, который помогает другим, не думая о награде.	
21. Человек, который очень болезненно реагирует на свои ошибки.	
22. Человек, который не любит разговаривать.	
23. Человек, который неуверенно чувствует себя в компании.	
24. Человек, который интересуется подробностями вашей жизни, хочет знать о вас всё.	
25. Человек, который всегда готов поделиться последним.	

Слова для справок: трудолюбивый, добрый, аккуратный, ответственный, верный, честный, общительный, самолюбивый, энергичный, высокомерный, замкнутый, рассеянный, смелый, ленивый, забывчивый, жестокий, лицемерный, равнодушный, небрежный, бескорыстный, ранимый, молчаливый, застенчивый, любопытный, щедрый.

Задание 10. ИГРА «Кто это?».

Правила: Участвуют две команды. Сначала одна команда загадывает всем известную личность, записывает имя на карточке и переворачивает её. Игроки этой команды по очереди называют слова, которые характеризуют загаданного человека. Можно также назвать его профессию, сферу деятельности, страну. Можно использовать элементы пантомимы.

Задача другой команды — с трёх попыток отгадать, о ком идёт речь. Если угадали — получают карточку с именем и загадывают своего «героя». Побеждает команда, собравшая больше карточек. (Используйте лексику, данную в уроке, и слова для справок.)

Слова для справок: романтичный, скучный, настойчивый, глупый, нервный, робкий, сентиментальный, импульсивный, трусливый, темпераментный, осторожный, серьёзный, жадный, нежный, спокойный, гордый, вспыльчивый, терпеливый, скромный.

Задание 11. Какие черты характера необходимы людям той профессии, которую вы выбрали?

Например: Чтобы стать хорошим редактором, нужны такие черты характера, как аккуратность, коммуникабельность, вдумчивость.

|| ГРАММАТИЧЕСКАЯ ПОДСКАЗКА

После глагола *стать* используется творительный падеж.

стать + **каким** (№ 5)

Например: стать смелым, стать робким

Задание 12. Рассмотрите изображения на марках. Вспомните, что вы уже знаете об этих людях. Как вы думаете, каким характером обладали эти люди? Что их объединяет? Почему в России и за её пределами помнят о них?

Задание 13. Рассмотрите фотографию — памятник русскому мужику. Как вы думаете, какие черты русского характера показал скульптор в этом образе? Прочитайте комментарий.

Скульптор В. Остриков

Памятник русскому мужику был открыт в 2007 году в центре Тамбова. По замыслу скульптора, для Тамбовской области, ориентированной на сельское хозяйство, мужик — это прежде всего труженик. Памятник расположен рядом с храмом, недалеко от которого раньше находился лагерь (тюрьма). В нём содержались участники народного восстания 1920–1921 годов, причиной которого стало нежелание крестьян сдавать хлеб власти. Путём массовых расстрелов и отравляющих газов восстание было подавлено. В память о погибшем народе и был установлен монумент.

Задание 14.

А. Представьте, что вы приехали на фестиваль русской культуры «Русский характер». Познакомьтесь с программой фестиваля. Скажите, какие мероприятия помогут вам ближе познакомиться с русским характером и почему.

Программа фестиваля русской культуры «Русский характер»

Театрализованное представление «Реконструкция битвы на Святом озере»
Мастер-класс по народному танцу
Концерт народной музыки и песни
Национальные виды спорта (показательное выступление)
Фотовыставка «Русский характер в фотографиях»
Просмотр фильма «Русский характер» под открытым вечерним небом
Виртуальная экскурсия «Русский характер в русской живописи»

Б. Скажите, какие направления в искусстве в большей степени раскрывают характер народа.

Задание 15. Расскажите о характерных чертах своего народа, приведите примеры.

Задание 16. Обсудите следующие вопросы:

1. Почему у людей такие разные характеры? От чего это зависит?

2. Как вы думаете, какое влияние на формирование характера оказывает внешний мир? Укажите, сколько процентов принадлежит, на ваш взгляд, каждому фактору. Приведите примеры.

— мнения окружающих людей о жизни — ... %
— поступки окружающих людей — ... %
— литература, кино — ... %
— профессия — ... %
— семья, наследственность — ... %
— трудности жизни (проблемы, сложные ситуации) — ... %
— хобби — ... %

} 100 %

3. Может ли характер меняться в течение жизни? Объясните.

Задание 17.

А. Рассмотрите фотографии известных российских спортсменов. Какие черты характера их объединяют?

Марат Сафин

Александр Овечкин

Артём Дзюба

Александр Большунов

Александр Плющенко

Б. Найдите информацию об этих спортсменах. Подготовьте презентацию и сделайте устное сообщение по **плану**:

1. Кто это? (известный (-ая), российский (-ая), теннисист, фигуристка, лыжник, футболист, хоккеист)
2. Биография (дата и место рождения, учёба).
3. Занятия спортом (тренировки, соревнования, достижения).
4. Личные качества (черты характера).

Для справок: быть уверенным в себе, много над собой работать, ставить цели и достигать их, не бояться трудностей, стремиться к победе.

В. Обсудите следующие вопросы:

1. Как вы думаете, влияют ли занятия спортом на характер человека? Объясните.
2. Люди каких профессий обладают следующими чертами характера: сильный, целеустремлённый, ответственный, уверенный в себе, трудолюбивый?
3. Кого из россиян (спортсменов, учёных, деятелей искусства и др.) вы считаете самым ярким примером русского характера? Объясните почему.

Задание 18. ИГРА «Снежный ком».

Правила: Каждый участник называет одну черту характера, следующий повторяет это слово и добавляет своё. Третий, соответственно, повторяет первое и второе слова и добавляет третье. Победит тот, кто сможет повторить больше всего слов и не ошибётся.

ПОДВОДИМ ИТОГИ

✓ Расскажите, что нового вы узнали о русском характере.
✓ Какие черты характера необходимы в современном мире человеку любой национальности?
✓ Какие черты характера человек должен воспитывать в себе всю жизнь? Почему?
✓ Какие черты характера известных людей, проявляющиеся в их поступках, вы считаете достойными подражания?
✓ Какие черты характера вы хотели бы в себе изменить?

ПРАЗДНИЧНЫЕ ТРАДИЦИИ РОССИЯН

УРОК 10 Новый год

Лексика	традиции • атрибуты праздника
Грамматика	склонение имён существительных • склонение порядковых числительных
Речевые ситуации	сообщение информации о празднике • поздравление с праздником

ДАВАЙТЕ ОБСУДИМ

1. Какие праздники отмечают в вашей стране?
2. Где и с кем вы обычно встречаете Новый год?
3. Вы дарите подарки на Новый год?
4. Как вы считаете, новогодние подарки обязательно должны быть дорогими?

Задание 1. Рассмотрите иллюстрации, прочитайте слова за преподавателем, затем прочитайте их самостоятельно.

ёлка

Дед Мороз

Снегурочка

ёлочная игрушка

гирлянда | пряник | свеча | мишура

отмечать — отметить (*что?*)

праздновать — отпраздновать (*что?*)

встречать — встретить (*что?*)

украшать — украсить (*что?*)

провожать — проводить (*что?*)

верить — поверить (*во что?*)

загадывать — загадать (*что?*)

Задание 2. Постарайтесь понять значение слов и выражений без словаря.

опережать — быть впереди

заранее — до (*чего?*)

приход (весны) — начало (весны)

накрывать на стол — ставить на стол всё необходимое для приёма пищи

в кругу семьи — вместе с членами семьи (с родителями, детьми, братьями и т. д.)

примета — хороший или плохой знак (сигнал), предупреждающий о чём-либо

Задание 3. Составьте возможные словосочетания с данными словами, употребив их в нужной форме.

праздновать (*что? с кем?*)

отмечать (*что? где?*)

готовиться (*к чему?*)

ставить (*что? где?*)

украшать (*что? чем?*)

класть (*что? куда? подо что?*)

накрывать (*на что?*)

провести время (*с кем?*)

подарить (*кому? что?*)

дом · Новый год · игрушки · друзья · стол · праздник · семья · ресторан · ёлка · подарки

Задание 4. Прочитайте текст. Объясните, в каких значениях в нём употребляется слово «ёлка».

Новый год — любимый праздник взрослых и детей. Его принято отмечать весело и шумно. По популярности этот праздник в России опережает Рождество, которое согласно русскому православному календарю отмечают 7 января.

До XV века новый год на Руси начинался 1 марта, с приходом весны по юлианскому календарю. Позже Новый год праздновали 1 сентября. А с 1700 года по указу Петра I, как и в других странах, его стали отмечать 1 января.

К Новому году начинают готовиться заранее. Многие ставят дома ёлку и украшают её игрушками, мишурой и гирляндами. Раньше ёлку украшали конфетами, пряниками, фруктами, орехами, свечами. Под ёлку кладут подарки. Маленькие дети думают, что их приносит Дед Мороз, а помогает ему Снегурочка.

Новый год — семейный, домашний праздник. Большинство россиян традиционно отмечает его в кругу семьи или с друзьями. Некоторые проводят новогоднюю ночь в ресторанах или кафе. Многие россияне верят в то, что как встретишь Новый год, так его и проведёшь. Поэтому в новогоднюю ночь принято накрывать богатый стол и веселиться.

Обязательные атрибуты Нового года в России — телевизионная поздравительная пятиминутная речь президента в 23:55, а потом — загадывание желаний под бой кремлёвских курантов и звон бокалов с шампанским.

Новый год совпадает с началом зимних школьных каникул у детей и длительных выходных у взрослых. Это хорошая возможность провести время с близкими людьми: сходить в гости, встретиться с друзьями, пойти на каток или прогуляться по зимнему лесу.

Для детей устраивают театрализованные представления — Ёлки — с участием Деда Мороза и Снегурочки и сладкими подарками. Главная новогодняя Ёлка проводится в Кремле.

Задание 5. Ответьте на вопросы «да» или «нет» в соответствии с содержанием текста.

1. Новый год — один из самых популярных праздников в России.
2. Новый год в России всегда праздновали 1 января.
3. На Новый год принято ставить ёлку и украшать её игрушками, мишурой и гирляндами.
4. Маленькие дети думают, что в новогоднюю ночь Дед Мороз приносит подарки.
5. Многие россияне верят в примету: как встретишь Новый год, так его и проведёшь.
6. Очень часто россияне отмечают Новый год в кругу семьи или с друзьями.
7. 2 января в России — рабочий день.
8. Для детей устраивают праздничные театрализованные представления, на которые приглашают Деда Мороза и Снегурочку.

ПРАЗДНИЧНЫЕ ТРАДИЦИИ РОССИЯН

Задание 6. Дайте полные ответы на вопросы.

1. Как празднуют Новый год в России?
2. Когда встречали Новый год на Руси?
3. Как россияне готовятся к празднику?
4. Кто приносит подарки детям?
5. В какую примету верят россияне?
6. Как вы думаете, почему Новый год — один из самых любимых праздников в России?
7. Как называются новогодние театрализованные представления для детей?

куранты

Задание 7. Вы уже знаете, что россияне накануне Нового года украшают свои дома. Один из обязательных новогодних атрибутов — ёлка. Некоторые люди из года в год ставят дома искусственную ёлку, а другие — только настоящую, пахнущую лесом. Прочитайте информацию и расскажите о предпочтениях жителей Москвы и Санкт-Петербурга.

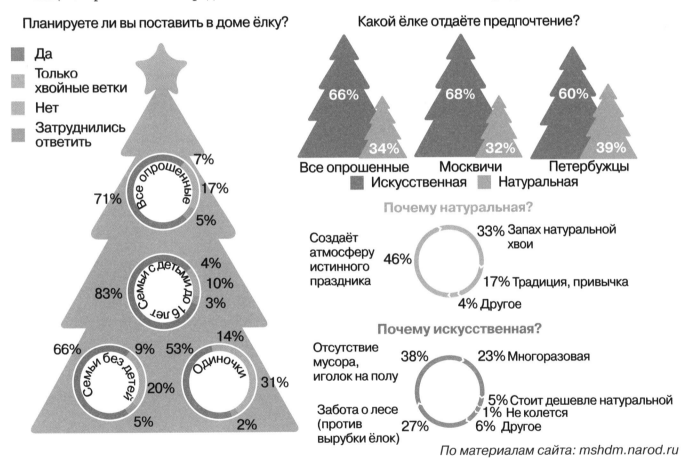

По материалам сайта: mshdm.narod.ru

///▌ ЭТО ИНТЕРЕСНО

В результате перехода в 1919 году с юлианского календаря на григорианский в России появился дополнительный праздник — Старый Новый год. Таким образом, россияне с удовольствием отмечают Новый год дважды — по новому и по старому стилю. Старый Новый год наступает в ночь с 13 на 14 января.

Задание 8. Разгадайте кроссворд. Пишите слова в форме именительного падежа (№ 1) единственного числа или множественного числа, если слово не употребляется в другой форме.

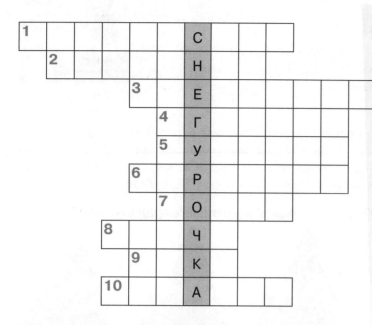

1. Напиток, которым наполняют бокалы в новогоднюю ночь.
2. Новый год — это ... .
3. Кто первым поздравляет россиян с наступлением Нового года?
4. На ёлку вешают ёлочные ... .
5. Как называются часы на Спасской башне Кремля?
6. Цепочка соединённых светящихся лампочек.
7. Дедушку Снегурочки зовут Дед ... .
8. Её зажигают, чтобы создать праздничное, романтическое настроение.
9. Главный символ Нового года — зелёная ... .
10. Что кладут под ёлку?

Задание 9. ИГРА «Я подарю тебе...».

Правила: В игре участвует вся группа. Каждый по очереди, не повторяясь, предлагает идею новогоднего подарка для друзей и членов семьи. Тот, кто затруднится назвать подарок, выбывает из игры. Выигрывает тот, кто скажет слово последним.

Задание 10. Напишите новогоднее поздравление своим родственникам (друзьям, преподавателям, коллегам), используя данные слова.

Новый год

счастье

крепкое здоровье

удача

успех

хорошее настроение

исполнение желаний

Дорог... ....!

Поздравляю тебя

Желаю тебе

Задание 11.

А. Используя материал урока, подготовьте рассказ о встрече Нового года в России. Для рассказа используйте следующие **модели:**

Что (№ 1) — это **что** (№ 1).
Раньше **где** (№ 6) праздновали **когда**.
Сейчас **что** (№ 4) празднуют **когда**.
Главным атрибутом **чего** (№ 2) является **что** (№ 1).
Что (№ 4) украшают **чем** (№ 5) и ставят **где** (№ 6).
Главными персонажами **чего** (№ 2) являются **кто** (№ 1) и **кто** (№ 1).
Они (**что делают**).
Обычно **что** (№ 4) встречают в кругу **кого** (№ 2).
В **какую** ночь принято (**что делать**).

Б. Расскажите о традициях и атрибутах празднования Нового года в вашей стране.

ПОДВОДИМ ИТОГИ

✓ Какую ёлку вы бы выбрали для новогоднего декорирования своего дома?
✓ Как вы поняли значение фразы: «Как встретишь Новый год, так его и проведёшь»?
✓ Что вы хотели бы пожелать своим друзьям в новогоднюю ночь?
✓ Какие российские новогодние традиции понравились вам больше всего?
✓ В какой стране вы хотели бы встретить следующий год? Почему?

урок 11 Рождество

Лексика традиции • атрибуты праздника

Грамматика склонение имён существительных • образование действительных причастий

Речевые ситуации сообщение информации о празднике • как расспросить о празднике

ДАВАЙТЕ ОБСУДИМ

1. Составьте рейтинг своих любимых праздников, начиная с самого лучшего. Расскажите, какой праздник и почему занимает первое место, а какой праздник вы не очень любите.
2. Какие религиозные праздники отмечают в вашей стране?
3. Знаете ли вы, в каких странах отмечают православное Рождество?

Задание 1. Прочитайте слова. Уточните значение новых слов и запишите их в тетрадь.

православный
окунаться — окунуться (*куда?* / *во что?*)
развлекаться — развлечься → развлечение
переодеваться — переодеться → переодевание
миф → мифический

Задание 2. Постарайтесь понять значение слов и выражений без словаря.

возвестить — сообщить
транслировать — показывать (например, по телевизору)
прямой эфир — трансляция в реальном времени
предшествовать — быть впереди чего-либо
молодёжь — молодые люди (юноши и девушки)
излечиваться от болезней — выздоравливать
богослужение — религиозный обряд в церкви, церковная служба
пост — религиозная традиция не употреблять в пищу некоторые продукты или полностью отказаться от еды на определённое время
сочельник — день накануне Рождества
освящать — совершать церковный обряд, символизирующий очищение от грехов

Задание 3. Найдите синонимы.

церковь   ●   быть
праздновать   ●   важный
традиция   ●   знак
символ   ●   обычай
главный   ●   отмечать
существовать   ●   старательно
тщательно   ●   храм

Задание 4. Прочитайте текст. Скажите, какая информация в нём вам показалась наиболее интересной.

Рождество — один из главных христианских праздников. Русская православная церковь празднует Рождество Христово 7 января (по григорианскому календарю).

Предшествует празднику рождественский пост, который длится 40 дней и заканчивается после ночного богослужения 7 января. Особенно тщательно готовятся к встрече Рождества в сочельник. По традиции в сочельник нельзя ничего есть и пить «до первой звезды», которая является символом Вифлеемской звезды — той, что возвестила о рождении Христа.

Храм Христа Спасителя, г. Москва

В рождественскую ночь с 6 на 7 января в церквях проходит праздничное богослужение, которое длится несколько часов. Центральные каналы радио и телевидения транслируют в прямом эфире торжественную службу из храма Христа Спасителя в Москве. Традиционно вечером 7 января за праздничным столом собирается вся семья. На стол подают мясные и рыбные блюда, а также разнообразные пироги.

Купание в проруби

Двенадцать дней после Рождества называются святыми днями или Святками. Любимыми развлечениями молодёжи в это время с давних времён было переодевание (ряжение) в костюмы зверей, мифических персонажей и колядова́ние. Это значит, что молодые люди ходили от одного дома к другому и пели особые песни (коля́дки) — пожелания добра хозяевам каждого дома, а взамен получали угощения (например, пироги, печенье), которые потом вместе съедали.

Святки заканчиваются праздником Крещения, 19 января. В церквях в этот день освящают воду. Считается, что святая вода помогает излечиваться от болезней и приносит удачу. Поэтому существует обычай в крещенскую ночь окунаться в пр́орубь.

Задание 5. Ответьте на вопросы «да» или «нет» в соответствии с содержанием текста.

☐ **1.** 7 января — день празднования православного Рождества.

☐ **2.** Сочельник — это время, когда начинается рождественский пост.

☐ **3.** Предшествуют Рождеству Святки, которые длятся 12 дней.

☐ **4.** В рождественскую ночь во всех церквях проходит праздничное богослужение.

☐ **5.** Колядки — это особые песни — пожелания добра.

☐ **6.** Праздником Крещения завершаются Святки.

☐ **7.** Освящённая на Крещение вода помогает излечиваться от болезней и приносит удачу.

☐ **8.** В крещенскую ночь принято окунаться в прорубь.

Задание 6. Проверьте, правильно ли вы поняли содержание текста, ответив на следующие вопросы.

1. Когда празднуют Рождество православные христиане?

2. Как называется день накануне Рождества?

3. Символом чего является «первая звезда», появляющаяся в рождественскую ночь?

4. Что принято ставить на праздничный рождественский стол?

5. Что такое Святки?

6. Когда заканчиваются Святки?

7. Какой существует обычай на Крещение?

/// ГРАММАТИЧЕСКАЯ ПОДСКАЗКА

Образование действительных причастий

— *настоящего времени*:

читать — чита**ю**т — чита**ющ**ий

писать — пиш**у**т — пиш**ущ**ий

строить — стро**я**т — стро**ящ**ий

лежать — леж**а**т — леж**ащ**ий

— *прошедшего времени*:

читать — чита**л** — чита**вш**ий

построить — построи**л** — построи**вш**ий

нести — нёс — нё**сш**ий

Задание 7. Прочитайте текст и соотнесите его содержание с изображением.

Есть замечательная традиция — ставить на Рождество вертеп. Это композиция, показывающая момент рождения Христа в пещере (вертепе).

Обязательными персонажами вертепа являются Дева Мария, младенец Иисус и Иосиф. Вместо этих персонажей иногда используется икона Рождества. Кроме того, в вертепе могут присутствовать вол и осёл, которые находились в пещере в момент рождения Иисуса, а потом согревали его своим тёплым дыханием. В вертепную композицию включаются пастухи с овцами и три волхва, пришедшие поклониться рождению Спасителя, а также ангел (или ангелы), который принёс пастухам весть о Рождении Спасителя. На крыше вертепа находится Вифлеемская звезда, возвестившая миру о рождении Христа.

Задание 8. Прочитайте диалог по ролям. Обращайте внимание на интонацию. Расскажите, что вы узнали о Джоне и Ане.

— Привет, Джон!

— Привет, Аня! Как ты встретила Новый год?

— Очень весело! Я была в клубе «Жара». Мы всю ночь танцевали. А ты?

— А я с друзьями из Алжира и Камеруна встречал Новый год в общежитии. А сегодня я услышал, что вы готовитесь праздновать Рождество. Но ведь Рождество 25 декабря!

— Джон, ты всё перепутал! 25 декабря отмечает Рождество католическая церковь, а православная — 7 января.

— Да! Точно! А ты будешь отмечать Рождество?

— Конечно. Ведь это один из главных христианских праздников!

— Интересно, а что ты будешь делать?

— В ночь с 6 на 7 января я пойду на праздничную службу в церковь, а потом днём мы соберёмся всей семьёй в доме моей бабушки. Она всегда готовит в этот день много вкусного. Обычно она подаёт на стол 12 блюд. И я знаю, что обязательно будет утка с яблоками. Я очень люблю её. Это очень вкусно! И мы обязательно будем гадать.

— А что значит «гадать»?

— Это значит предсказывать будущее, узнавать, что будет потом.

— А, понятно. Наши девушки тоже любят гадать. Но я в это не верю!

— Джон, извини, мне пора идти. Встретимся в университете после каникул.

— Пока, Аня. Счастливого Рождества!

— Спасибо. До встречи!

Святки — это время гаданий. Самая популярная тема гаданий для молодых девушек — замужество и суженый (жених).

Гадание на башмачок

Девушки снимали с левой ноги башмачок и бросали за ворота. Потом выбегали за ворота сами и смотрели, куда направлен носок упавшего башмачка: в какую сторону «смотрит» носок, в той стороне живёт жених, за которого выйдет замуж хозяйка башмачка. Если носок башмачка «смотрит» на ворота дома, в котором живёт девушка, значит, в следующем году замуж она не выйдет.

Гадание на жениха

Начинали это гадание не раньше полуночи. Выбирали самое тёмное и тихое место в доме. На стол ставили два зеркала так, чтобы они стояли одно напротив другого. В результате в отражении зеркал должен был образоваться «коридор». Чтобы зеркала были хорошо освещены, по бокам надо было поставить две одинаковые свечи. Затем девушка садилась рядом с зеркалами и вглядывалась в этот «коридор». Через некоторое время должен был появиться образ будущего жениха.

А в ваших странах есть похожие традиции?

 Задание 9. Найдите спрятанные слова (по горизонтали). Объясните, как они связаны с Рождеством.

П	Р	А	З	Д	Н	И	К	И	В	Н	А
О	К	Р	О	Ж	Д	Е	С	Т	В	О	С
К	О	Л	Я	Д	О	В	А	Н	И	Е	Я
М	А	В	Е	Р	Т	Е	П	Ж	Ь	Б	С
С	О	Ч	Е	Л	Ь	Н	И	К	Н	И	К
П	Р	А	К	Э	П	Р	О	Р	У	Б	Ь
Ч	Ъ	К	Ы	Г	А	Д	А	Н	И	Е	Ь
Б	О	Г	О	С	Л	У	Ж	Е	Н	И	Е
Ф	К	М	И	Н	А	К	О	П	О	С	Т
Б	Ю	К	Р	Е	Щ	Е	Н	И	Е	В	А
С	Е	Т	С	В	Я	Т	К	И	В	М	И
Т	О	К	Ю	В	Ц	Е	Р	К	О	В	Ь

Задание 10.

А. Вы — журналист студенческой газеты, получивший задание взять у студентов-иностранцев интервью о праздновании Рождества в разных странах. Напишите свои вопросы для интервью.

Памятка

Не забудьте спросить:

— о стране,

— о времени празднования,

— о приготовлении к празднику,

— об особых традициях,

— о рождественской ночи,

— о том, с кем празднуется,

— о еде на рождественском столе,

— о подарках,

— о том, как долго празднуется.

Б. Проведите интервью и расскажите, что вы узнали.

В. Сделайте вывод: чем празднование Рождества в России отличается от празднования его в других странах.

В ответе используйте следующие **модели**:

Что (№ 4) празднуют **когда**.

Чему (№ 3) предшествует **что** (№ 1).

Когда проходит **что** (№ 1).

Что (№ 1) транслирует **что** (№ 4), **откуда**.

Кто (№ 1) собирается **где** (№ 6) (**за чем** (№ 5)), **когда**.

Куда (**на что** (№ 4)) подают **что** (№ 4).

Раньше любили переодеваться **в кого** (№ 4).

Кто (№ 1) ходил по домам и что делал.

Что (№ 1) заканчивается **чем** (№ 5).

/// ПОДВОДИМ ИТОГИ

✓ О каких традициях празднования Рождества в России вы узнали?

✓ Что такое Святки?

✓ Что такое Крещение?

✓ Какая информация урока вас удивила?

✓ Что из описанного в уроке вы хотели бы увидеть своими глазами? В чём хотели бы принять участие?

Масленица

Лексика	традиции • атрибуты праздника
Грамматика	обозначение количества в процентах
Речевые ситуации	описание картины

ДАВАЙТЕ ОБСУДИМ

1. Отмечается ли в вашей стране смена времён года, обозначено ли это праздниками в календаре, проводятся ли какие-то мероприятия?
2. Как вы думаете, что такое Масленица? От какого слова образовано это слово?
3. Поразмышляйте, с каким природным явлением может быть связан данный праздник. Предположите, когда и как празднуется Масленица.

Задание 1. Прочитайте самостоятельно информацию о Масленице. Задайте друг другу вопросы, проверьте, как вы поняли текст. Кто правильно ответит, тот задаёт следующий вопрос.

Масленица — праздник с многовековой историей, его отмечали ещё древние славяне. Масленицу празднуют во второй половине февраля — начале марта, в последнюю неделю перед Великим постом. Великий пост — это время работы над собой, время духовного очищения, время покоя и добра. На масленой неделе провожают зиму и встречают весну. Название праздника происходит от слова «масло», потому что главное праздничное блюдо — это блины, которые едят с маслом. Всю неделю пекут блины и веселятся, поэтому появились поговорки: «Не жизнь, а Масленица!», «Не всё коту Масленица, будет и Великий пост!», «Без блина не Масленица!».

Задание 2. Прочитайте слова, которые встретятся в тексте задания 5Б. Уточните значение новых слов, запишите их в тетрадь и запомните.

отмечать — отметить (*что?*)

пост

обычай

чучело

наряжать — нарядить, наряд,

нарядный

печь — испечь

блин

горка

санки, кататься на санках

лакомка, лакомый, лакомиться

угощать — угостить, угощение

гулянья, гулять — погулять

бороться, борьба

посиделки, сидеть — посидеть

проводы, провожать — проводить

прощёный (день), прощать — простить

развлекаться, развлечение

обряд

сжигать — сжечь

Задание 3. Повторите предложения за преподавателем. Как вы думаете, в каких ситуациях так говорят?

• Не жизнь,

   Не жизнь, а Масленица!

• Не всё коту

   Не всё коту Масленица,

   Не всё коту Масленица, будет и Великий

   Не всё коту Масленица, будет и Великий пост!

Задание 4. Найдите и запишите группами однокоренные слова.

Прощёный, масленичный, проводы, угощение, простить, гулянье, веселиться, Масленица, прощение, гулять, угощать, провожать, масленый, веселье.

Задание 5.

А. Прочитайте за преподавателем слова, которые встретятся в тексте (обозначают родственные отношения), запишите в тетрадь и запомните.

тёща — мать жены

золо́вка — сестра мужа

зять — муж дочери, сестры, золовки

неве́стка — жена сына, брата

Б. Прочитайте текст. Озаглавьте его.

Масленицу отмечают целую неделю. Каждый день этой недели имеет своё название и обычай.

В понедельник происходит «встреча» Масленицы — в кругу семьи или с друзьями. В этот день изготавливают и наряжают соломенное чучело и ставят на большой площади. С понедельника начинают печь блины. Блин символизирует солнце. Приготовление блинов на Масленицу — настоящее искусство, так как пекут их по особым рецептам.

Во вторник начинаются масленичные игры. С раннего утра молодёжь веселится. Устраиваются катание с горок на санках, кулачные бои, строительство снежных городков и другие зимние игры. Все приглашают друг друга в гости.

Среда называется «лакомкой». В этот день все едят блины. К блинам обычно подают сливочное масло, сметану, рыбу, икру, варенье, мёд. Принято угощать блинами друг друга.

Четверг — день народных гуляний. Именно с этого дня начинается всеобщее празднование Масленицы. Все веселятся, развлекаются, поют, танцуют. Мужчины показывают силу, борются друг с другом.

Масленичные угощения

В пятницу — «тёщин вечерок». Молодые семьи ходят в гости на блины к своим родителям.

В субботу — «золовкины посиделки». Золовки приходят в гости к молодым невесткам, пробуют их блины и получают подарки.

Воскресенье — проводы Масленицы, прощёное воскресенье. Традиционный обряд этого дня и окончания Масленицы — сжигание соломенного чучела, которое является символом уходящей зимы. Родственники и друзья просят друг у друга прощения и в ответ слышат: «Бог простит».

В настоящее время давние традиции празднования Масленицы, к сожалению, частично утрачены.

В. Заполните пропуски информацией в соответствии с содержанием текста.

вторник

Золовки приходят в гости к молодым невесткам, пробуют блины

Задание 6. Составьте с данными словами словосочетания, употребив их в соответствующей форме.

А		**Б**	
вкусный	•	печь	•
особый	•	просить	•
народный	•	сжигать	•
зимний	•	праздновать	•
широкий	•	получать	•
соломенный	•	провожать	•
масленый	•	приглашать	•

гулянья
неделя
блины
игры
рецепт
Масленица
чучело

блины
подарки
чучело
зима
гости
Масленица
прощение

Задание 7. Дополните предложения соответствующим глаголом.

1. Масленицу _____ целую неделю. 2. Блин _____ солнце. 3. Блины _____ по особым рецептам. 4. Все _____ друг друга в гости. 5. Все _____, поют, танцуют. 6. Родственники и друзья _____ друг у друга прощения.

Задание 8.

А. Объясните значение слов: бой, кулак, снежки, сани, канат, санки.

Б. Прослушайте текст. Рассмотрите иллюстрации и подпишите, какие виды масленичных развлечений на них изображены.

① _____   ② _____   ③ _____   ④ _____

В. Расскажите, какие народные праздничные развлечения существуют в вашей стране.

Задание 9. Закончите предложения.

1. Масленица — это праздник, который _____
2. В понедельник _____
3. Всю неделю люди _____
4. Родственники и друзья просят друг у друга _____
5. На масленой неделе _____
6. Все приглашают друг друга _____
7. Традиционный обряд — сжигание соломенного чучела, которое _____

Задание 10. Проверьте, как вы поняли, что означают данные ниже понятия. Найдите правильные ответы.

прощёное воскресенье ●	а) праздничное развлечение мужчин, представляющее собой бой на кулаках
соломенное чучело ●	б) традиция отмечания праздников с массовыми мероприятиями
кулачный бой ●	в) последний день Масленицы, когда люди просят друг у друга прощения
народные гулянья ●	г) зимняя игра, в которой участвуют две команды, выясняя, кто сильнее
перетягивание каната ●	д) кукла из соломы, которую наряжают, ставят на площади, а потом сжигают

1 % (процент)
2, 3, 4 % (процент**а**)
5–20, 30, 40, 50, 60, 70, 80, 90, 100 % (процент**ов**)

Задание 11. Прочитайте и прокомментируйте данную информацию. Расскажите, что делают россияне в течение масленичной недели.

Что россияне делают в течение масленичной недели

ходят в гости, принимают гостей по случаю Масленицы **43%**

просят прощения у близких и знакомых **35%**

принимают участие в народных масленичных гуляниях **28%**

едят блины **81%**

приносят блины в качестве угощения в гости, на работу, учёбу **21%**

участвуют в сожжении чучела Масленицы[1] **17%**

ходят к тёще на блины **13%**

По материалам сайта:
infographics.wciom.ru

---

[1] **Сожже́ние чу́чела Ма́сленицы** — одна из наиболее известных масленичных традиций (помимо выпекания блинов).

Масленица — это единственный языческий[1] праздник, официально признанный православной церковью.

Задание 12. Рассмотрите внимательно репродукцию. Какие детали картины говорят о том, что изображена Масленица?

Б. М. Кустодиев. Масленичное катание

Задание 13.

А. Прочитайте диалог. Постарайтесь запомнить, как приготовить блины.

— Привет, Лена!

— Привет, Эмили! Как поживаешь?

— Спасибо, хорошо! А ты?

— Я тоже.

— Вчера, когда я шла из университета домой, около Парка культуры мне встретились незнакомые люди. Они были очень красиво одеты и угостили меня очень вкусной едой с мёдом.

— А, наверное, это блины. Ведь сейчас же идёт Масленица! На Масленицу все едят блины.

— А ты не знаешь, как приготовить вкусные блины?

— Конечно, знаю. Моя мама всегда на Масленицу печёт блины, и мы с удовольствием их едим с маслом, мёдом, сметаной. Записывай.

---

[1] **Язы́чество** — мировоззрение, состояние души, основанное не на вере в богов, а на признании священным всего, что есть в мире.

Надо взять 50 граммов сливочного масла, полкилограмма муки, 20 граммов сухих дрожжей, пол-литра молока, чайную ложку соли, два яйца, 50 граммов сахара и 50 миллилитров растительного масла. Затем подогреть стакан молока, развести в нём дрожжи, добавить стакан муки и оставить на 60 минут. Затем добавить туда желтки, растительное масло, соль и сахар, постепенно всыпать ещё стакан муки, замесить тесто, дать ему постоять. Влить стакан молока, ещё раз хорошо размешать, оставить на полчаса, накрыв салфеткой. Дать тесту подняться третий раз, затем положить белки. Раскалить сковороду, выпекать.

— Так это совсем не сложно! Я обязательно попробую приготовить сегодня вечером. Большое спасибо за рецепт!
— Пожалуйста! Если будут вопросы, то звони, не стесняйся. Мама тебе всё ещё раз объяснит. Она любит печь блины.
— Пока!
— До завтра!

Б. Найдите в диалоге вежливые слова и выражения. Прочитайте диалог по ролям, опуская эти слова. Объясните, как это повлияло на разговор.

В. Расскажите, как вы будете готовить блины по данному рецепту.

Задание 14. Дополните диалог подходящими словами. Скажите, кто участвует в диалоге. Где может происходить такой диалог?

— Привет, Сэм!
— Привет, Джон!
— Ты _____ в воскресенье в Парк культуры?
— А что там будет?
— Там будут _____ зиму, сжигать чучело, петь, танцевать и, конечно же, _____ блины. Мы с друзьями каждый год туда _____ .
— Мне надо _____ домашнее задание, но я думаю, что на пару часов _____ в парк.
— Пойдём _____ . Встречаемся в 10 часов на остановке «Динамо».
— Спасибо за _____ ! С удовольствием!
— Договорились. До встречи!
— До свидания!

Задание 15. Восстановите диалог.

— Здравствуйте, Мария Николаевна!
— Здравствуй, Сара!
— Как ваши дела?
— _____
— У меня тоже всё хорошо, каждый день готовлюсь к экзамену по русскому языку. Мария Николаевна, я каждый день слышу слова «Масленица, масляная, масло». Скажите, пожалуйста, что всё это такое?
— _____
— Значит, блины — это русское блюдо?
— _____
— Скажите, а где можно попробовать блины?
— _____
— А когда празднуют Масленицу?
— _____
— Это очень интересно! Спасибо за информацию!

Задание 16. Составьте диалог на одну из тем.

1. Приглашение покататься на санках.
2. Угощение блинами.
3. Масленичная неделя.
4. Что означает Масленица.
5. Соломенное чучело.

Задание 17. Рассмотрите внимательно репродукцию картины, опишите её.

Используйте **модели:**

> Перед нами репродукция картины художника **какого**, которая называется **как**.
>
> Картина была написана художником в **каком** году.
>
> На ней изображено **что**.
>
> Катание на санях — это **что**.
>
> Катание на санях проходило **в какое время года**, **во время какого праздника**.
>
> Я думаю, что катание на санях — ... .

П. Н. Грузинский. Масленица (1889 г.)

✓ Какие ассоциации вызывает у вас слово «Масленица»?

✓ Вы пробовали русские блины? Можно ли их сравнить с каким-то блюдом вашей национальной кухни?

✓ Хотели бы вы поучаствовать в праздновании русской Масленицы?

✓ В каком виде русских зимних развлечений вы хотели бы принять участие?

✓ Скажите, в вашей стране есть похожий праздник? Расскажите о нём.

8 Марта

Лексика	традиции • атрибуты праздника
Грамматика	склонение имён существительных • склонение порядковых числительных • словообразование
Речевые ситуации	сообщение о празднике • выбор подарка • приглашение на мероприятие

ДАВАЙТЕ ОБСУДИМ

1. Как вы считаете, мужчина и женщина в современном мире должны иметь одинаковые права и обязанности?
2. Как мужчина должен относиться к женщине?
3. Кто главный в семье? От чего это может зависеть?

Задание 1. Прочитайте слова. Уточните значение новых слов, запишите их в тетрадь и запомните.

приурочивать — приурочить (*что? к чему?*)

требовать — потребовать (*что?*)

завоёвывать — завоевать (*что? / кого?*)

борьба (*за что? против чего?*)

право (*на что?*)

манифестация

нежный

хрупкий

Задание 2. Постарайтесь понять новые слова без словаря.

зарплата — деньги, которые человек получает за выполненную работу

преподносить презент — дарить подарок

утратить значение — потерять смысл

положить начало — начать делать что-либо

профсоюз — группа людей, которые связаны профессией или по характеру деятельности

Задание 3. Прочитайте слова и объясните значение приставки **между-**.

Междугородный, международный.

Задание 4.

А. Образуйте слова со значением действия.

Сократить (т//щ), повысить (с//ш), появляться, получать, посвящать, обновлять.

Б. Образуйте слова со значением признака.

Весна, обувь, картина, календарь, книга (г//ж).

Задание 5. Прочитайте текст и расскажите, что нового вы узнали.

8 Марта — Международный женский день — первый весенний праздник. Его отмечают во многих странах мира.

В настоящее время праздник утратил своё историческое значение. Первоначально он был приурочен ко дню борьбы за права женщин. 8 марта 1857 года в Нью-Йорке прошла манифестация работниц швейных и обувных фабрик с требованиями сокращения рабочего дня и повышения зарплаты. После этого стали появляться женские профсоюзы, а потом женщины получили избирательное право. Так было положено начало борьбе женщин за равные права с мужчинами.

Первый раз Международный женский день отмечался в 1911 году в Германии, Австрии, Дании и Швейцарии. В России впервые этот день отпраздновали в 1913 году, а с 1966 года 8 марта официально стал праздничным нерабочим днём.

В современной России 8 Марта — это праздник весны, посвящённый женщинам. В этот день мужчины поздравляют женщин, дарят подарки, оказывают всевозможные знаки внимания.

Самый популярный подарок на 8 Марта — цветы, которые символизируют красоту и обновление природы. Мужчины преподносят женщинам букеты, составленные из разных цветов, но самый популярный в это время — букет из веточек мимозы. Нежный, хрупкий цветок завоевал любовь представительниц слабого пола и стал неизменным символом 8 Марта.

Мимоза

Задание 6. Ответьте «да» или «нет» в соответствии с содержанием текста.

☐ **1.** 8 Марта — первый весенний праздник. Его отмечают во многих странах.

☐ **2.** Международный женский день сохранил своё историческое значение.

☐ **3.** Этот праздник приурочен ко дню борьбы за права женщин.

☐ **4.** Россия впервые отметила 8 Марта в 1911 году вместе с Германией, Австрией, Данией и Швейцарией.

☐ **5.** Сейчас 8 Марта в России обычный рабочий день.

☐ **6.** В этот день все женщины поздравляют мужчин, дарят подарки, оказывают всевозможные знаки внимания.

☐ **7.** Самый популярный подарок на 8 Марта — букет из веточек мимозы.

☐ **8.** Мимоза — символ женского дня.

Задание 7.

А. Проверьте, правильно ли вы поняли содержание текста, ответив на следующие вопросы.

1. Почему 8 Марта называется Международным женским днём?
2. Как возник этот праздник?
3. Когда 8 Марта стали отмечать в России?
4. Как отмечают этот праздник?
5. Что чаще всего дарят мужчины женщинам на 8 Марта?

Б. Расскажите, есть ли праздник, посвящённый женщинам, в вашей стране. Как и когда он отмечается?

ЭТО ИНТЕРЕСНО

Женский праздник существовал ещё в Древнем Риме. Римляне дарили супругам подарки, а невольницы получали в этот день выходной.

Сейчас 8 Марта отмечают во многих странах мира, но не везде этот день является выходным. Например, в Лаосе выходной день только для женщин, а в Китае 8 Марта для женщин сокращают рабочий день.

8 марта 1910 года первая женщина-пилот получила лицензию на управление аэропланом.

Далеко не во всех странах 8 марта — Международный женский день. Например, в Сирии 8 марта отмечают День Революции.

Задание 8. Рассмотрите внимательно афиши и расскажите, куда можно пойти 8 Марта. Где будет проходить и когда начнётся мероприятие, как купить билет, кого можно пригласить с собой (аргументируйте свой ответ). Куда пошли бы вы, чтобы отпраздновать 8 Марта?

 Задание 9. Прочитайте диалог и скажите, кто в нём участвует. Разыграйте этот диалог.

— Здравствуй, Ира!

— Добрый день, Илья!

— Ира, что ты делаешь 8 марта?

— Пока не знаю, но думаю, что буду свободна.

— Как здорово! Хочу пригласить тебя в музей. К нам приезжает выставка восковых фигур из Питера.

— С удовольствием! Давно не была в музее!

— Тогда встречаемся 8 марта в 10 часов на станции «Парк культуры».

— Ладно. Пока.

— До встречи!

ЭТО ИНТЕРЕСНО

В России не принято дарить чётное количество цветов. Это суеверие[1] появилось на Руси очень давно. Чётные числа ассоциировались со смертью. Нечётные же числа, напротив, символизировали жизнь, оберегали от злых духов, которые могли принести человеку вред. Вот почему чётное количество цветов покупают только тогда, когда идут на кладбище.

Ещё одно суеверие связано с жёлтым цветом. В России девушка может очень расстроиться, если мужчина подарит ей букет жёлтых цветов, потому что жёлтый цвет у суеверных русских людей считается цветом разлуки, расставания.

Тюльпаны

---

[1] **Суеве́рие** — вера в приметы, тайные знаки.

126   ПРАЗДНИЧНЫЕ ТРАДИЦИИ РОССИЯН

Задание 10.

А. Прочитайте диалог. Обратите внимание на интонацию. Подумайте, где можно услышать такой диалог и кто в нём участвует.

— Привет, Джордж!

— Здравствуй, Эммануэль!

— Куда ты идёшь?

— В торговый центр. Надо купить подарок Ирине.

— У неё день рождения?

— Нет, скоро 8 Марта, и я хочу что-нибудь подарить ей.

— Ты уже решил, что будешь покупать?

— Нет, пока не знаю. Может быть, духи, или мягкую игрушку, или красивый шарф.

— А что она любит делать? Чем интересуется?

— Мы недавно познакомились, но я помню, она говорила, что любит готовить.

— Замечательно! Я думаю, что ты можешь подарить ей книгу с кулинарными рецептами и букет цветов.

— Хорошая идея! А как ты думаешь, какие цветы нравятся девушкам?

— Девушки любят разные цветы: розы, хризантемы, герберы... Но я знаю, что в России на 8 Марта часто дарят мимозу или тюльпаны.

— Как хорошо, что я встретил тебя! Ты мне так помог! Спасибо!

— Не за что. Рад был увидеть тебя. До встречи.

— Пока.

Б. Разыграйте диалог.

В. Узнайте у девушек в своей группе, что они любят и чем интересуются. Расскажите, кому и какой подарок к 8 Марта можно купить, объясните почему.

Задание 11. Используя материал урока, подготовьте рассказ о Международном женском дне по **плану**:

1. История праздника.
2. 8 Марта в современной России.
3. Лучший подарок на праздник.
4. Куда пойти 8 Марта?

ПОДВОДИМ ИТОГИ

✓ Что нового вы узнали о праздновании 8 Марта?

✓ Говорят, что женщины — «слабый пол». Как вы думаете, справедливо ли это выражение?

✓ Как провести 8 Марта с мамой?

✓ Как выбрать подарок, чтобы он понравился?

✓ Есть ли в вашей стране праздник, посвящённый женщинам? Как его отмечают?

Лексика	традиции • атрибуты праздника
Грамматика	склонение имён существительных и имён прилагательных • словообразование
Речевые ситуации	сообщения о празднике, праздновании и отношение к празднику

ДАВАЙТЕ ОБСУДИМ

1. Какова роль религии в современном мире?
2. Как вы объясните понятия «веротерпимость», «толерантность»?
3. Каких праздников больше в вашем личном календаре — светских или религиозных? С чем это связано?

Задание 1. Постарайтесь понять значение новых слов без словаря.

торжество — большой праздник
чудо — необычное, редкое явление
воскресение — возвращение к жизни после смерти
верующий — человек, который верит в Бога
запретить — не позволить что-либо делать, т. е. сказать «Нельзя!»
кулич — праздничный пасхальный хлеб
освящать (кулич) — церковный ритуал
произносить — говорить

ГРАММАТИЧЕСКАЯ ПОДСКАЗКА

освя́щать ≠ осве́щать
↓ ↓
воду комнату

Задание 2. Определите часть речи следующих слов (существительное, прилагательное, глагол). Составьте с ними словосочетания.

Традиция, традиционный, православный, торжество, предшествовать, напоминать, напоминание, продолжаться, богослужение, окончание.

Задание 3. Образуйте существительные от данных глаголов при помощи суффиксов **-ани-, -ени-**.

Праздновать, угощать, появляться, напоминать, ожидать.

Задание 4. Прочитайте слова, которые встретятся в тексте задания 5. Уточните значение новых слов, запишите их в тетрадь и запомните.

православие, православный
дух, духовный
чистый, чистить — очистить, очищение
окрашивать — окрасить (*что? чем?*)
расписывать — расписать (*что? чем?*)
напоминать — напомнить, напоминание

страдание
печаль
ждать, ожидание
шествовать, шествие
служба (в церкви)
апостол

Задание 5. Прочитайте текст. Объясните, почему Пасха считается «царём дней».

Пасха (Христово Воскресение) — главный православный праздник в честь чудесного воскресения Иисуса Христа. В православной традиции Пасха считается «царём дней», «праздником всех праздников, торжеством всех торжеств». Это праздник добра и света. Он несёт в себе веру, надежду и любовь.

Кулич и крашеные яйца

На Руси этот светлый день праздновался с X века. Каждый год время празднования Пасхи определяется по лунно-солнечному календарю. Дата первого дня Пасхи может выпадать на любой из дней в период с 4 апреля по 8 мая, но обязательно на воскресный день. Празднование Пасхи продолжается в течение 40 дней.

К Пасхе готовятся заранее. Празднику предшествует продолжительный семинедельный пост. Последнюю неделю перед Пасхой называют Великой, или Страстной. Некоторые дни этой недели выделяют особенно.

Великий четверг, или Чистый четверг, — день духовного очищения. В этот день принято наводить порядок в доме, купаться в реке или париться в бане. В последний четверг перед Пасхой начинают готовить традиционные пасхальные угощения: куличи, творожную пасху, а также красить яйца. Окрашенные любым способом яйца называются крашенками, а расписанные узорами — писанками.

Страстная пятница — напоминание о страданиях Иисуса. В этот день запрещена любая работа.

Великая суббота — день печали и ожидания Воскресения Христова. Традиционно в субботу в храмах освящают куличи, пасху и крашеные яйца.

В ночь с субботы на воскресенье во всех церквях проходит особое богослужение и совершается крестный ход (шествие служителей церкви и верующих вокруг церкви). После окончания службы все поздравляют друг друга со светлым праздником, трижды целуются и произносят слова, которые говорили друг другу апостолы, когда узнали о воскресении Иисуса Христа: «Христос воскресе!» — «Воистину воскресе!», обмениваются крашеными яйцами.

Многие люди в наше время свято чтут православные традиции, но далеко не все соблюдают все религиозные обряды и правила.

Задание 6. Ответьте «да» или «нет» в соответствии с содержанием текста. Исправьте неверные утверждения.

1. ☐ Пасха — главный православный праздник.
2. ☐ Из года в год Пасху празднуют в один и тот же день.
3. ☐ Празднику предшествует непродолжительный пост.
4. ☐ В Чистый четверг принято наводить порядок в доме, купаться в реке или париться в бане.
5. ☐ В последнюю пятницу перед Пасхой готовят пасхальные угощения: куличи, творожную пасху, а также красят яйца.
6. ☐ В Страстную пятницу запрещена любая работа, потому что в этот день вспоминают о страданиях Иисуса.
7. ☐ В субботу люди приходят в церковь, чтобы освятить куличи, пасху и крашеные яйца.
8. ☐ В ночь с субботы на воскресенье во всех церквях проходит особое богослужение и совершается крестный ход.

Задание 7. Проверьте, правильно ли вы поняли содержание текста, ответив на следующие вопросы.

1. Какой праздник по православной традиции считается «праздником всех праздников, торжеством всех торжеств»?
2. Когда празднуется Пасха?
3. Что предшествует празднованию Христова Воскресения?
4. Как называется последняя неделя перед Пасхой?
5. Почему Великий четверг называют «чистым»?
6. Что вы можете рассказать о Страстной пятнице и Великой субботе?
7. Что происходит в ночь с субботы на воскресенье?
8. Как православные люди поздравляют друг друга с днём Светлой Пасхи?

Задание 8. Найдите и посмотрите фрагмент пасхального богослужения из храма Христа Спасителя в Москве. Расскажите, какая атмосфера царит в храме. На что вы обратили внимание?

Задание 9. Продолжите предложения.

Пасха — ....

Чистый четверг — ....

Страстная пятница — ....

Великая суббота — ....

Крашенки — ....

Писанки — ....

Крестный ход — ....

Яйца-крашенки — один из основных пасхальных символов. Издавна существует традиция окрашивать яйца в красный цвет — цвет жизни и любви, радости и благополучия. Раньше яйца красили отваром луковой шелухи, свёклы, моркови, а сейчас — пищевыми красителями разных цветов.

Яйца-крашенки

На Пасху люди дарят друг другу крашеные яйца в знак пожелания счастья. На Руси пасхальные яйца катали по земле, чтобы она была плодородной, поскольку верили, что пасхальное яйцо является символом новой жизни, возрождения. Дети устраивали соревнования — «покатушки»: у кого яйцо дальше укатится.

В России пасхальные яйца являются ещё и предметом искусства, сувенирами. Их изготавливают из шоколада, дерева, поделочных камней и др.

Декоративные яйца

Задание 10. Рассмотрите иллюстрацию и расскажите, как россияне празднуют Пасху.

примут гостей, пойдут в гости — 41%

приготовят пасхальные блюда — 64%

поедут на кладбище — 24%

празднуют Пасху 83%

освятят куличи и яйца — 30%

пойдут в церковь — 8%

сделают подарки близким — 10%

По материалам сайта: infographics.wciom.ru

Задание 11. Используя материал урока, дополните схему и расскажите, как празднуют Пасху в России.

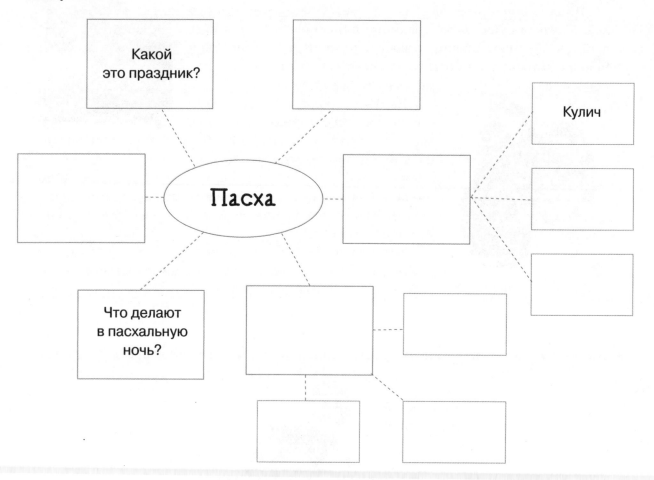

УРОК 15. День Победы

Лексика	традиции • атрибуты праздника
Грамматика	краткие страдательные причастия • активные и пассивные конструкции • безличные предложения
Речевые ситуации	сообщение о празднике

ДАВАЙТЕ ОБСУДИМ

1. Согласны ли вы с выражением: «Худой мир лучше доброй ссоры»?
2. Как вы думаете, возможно ли в современной жизни мирное решение всех конфликтов?
3. Есть ли среди ваших родственников люди, участвовавшие в военных действиях?

Задание 1. Прочитайте слова, которые встретятся в тексте задания 5. Уточните значение новых слов, запишите их в тетрадь и запомните.

война, воевать, военный
победа, побеждать — победить, победитель
отечество, отечественный
солдат
захватывать — захватить, захватчик
фронт, фронтовик
тыл
погибать — погибнуть (*где?*)
приближать — приблизить (*что?*)
капитуляция
ветеран
доблесть
торжественный
парад
салют
ленточка, лента

Задание 2. Постарайтесь понять значение новых слов без словаря.

безоговорочно = без сомнений, послушно
караул — вооружённая охрана
бессмертный — вечно живой

**Образование кратких страдательных причастий
прошедшего времени**

нарисовать (нарисова**л**) — нарисова**н**
получить (получи**л**) — получе**н**

Обратите внимание!
откры**ть** — откры**т**, закры**ть** — закры**т**, забы**ть** — забы**т**,
нача**ть** — нача**т**, взя**ть** — взя**т**

Задание 3. Образуйте от данных глаголов краткие страдательные причастия.

Построить, рассказать, подписать, создать, приготовить (в//вл), организовать, купить (п//пл), установить (в//вл), показать, продать.

Задание 4. Перестройте предложения по моделям. Обратите внимание на то, что в этих примерах говорящего интересует факт действия, а не лицо, его выполняющее.

Образец 1. В 1967 году в Москве открыли памятник Могила Неизвестного Солдата. — В 1967 году в Москве был открыт памятник Могила Неизвестного Солдата.

1. 22 июня 1941 года по радио объявили, что началась война.
2. До сих пор не подписали мирный договор между Россией и Японией.
3. Эту фотографию сделали во время Великой Отечественной войны.
4. 9 Мая в городе провели праздничные мероприятия.
5. Накануне 9 Мая по телевизору показали фильм «Мы из будущего».

Образец 2. 9 Мая в России празднуют День Победы. — 9 Мая в России празднуется День Победы.

1. Праздник Победы отмечают не только в России.
2. 9 Мая во всех городах и деревнях России празднуют День Победы.
3. В предпраздничные дни в школах проводят уроки памяти, на которых рассказывают о подвигах солдат и народа в борьбе с фашизмом.

/// ЭТО ИНТЕРЕСНО

Как символ памяти о погибших во время Великой Отечественной войны во многих российских городах горит Вечный огонь.

В 1967 году в Москве у стен Кремля открыли памятник Могила Неизвестного Солдата, на котором написано «Имя твоё неизвестно, подвиг твой бессмертен». Здесь стоит почётный караул, торжественная смена которого происходит каждый час.

Могила Неизвестного Солдата

Задание 5. Прочитайте текст. О какой новой традиции в нём рассказывается?

Четыре долгих, тяжёлых года продолжалась Великая Отечественная война, в которой погибли миллионы людей, СССР (Союз Советских Социалистических Республик) потерял около 27 млн человек. 22 июня 1941 года огромная немецкая армия без объявления войны напала на СССР. Почти в каждой семье за время войны погибли сын, брат, отец, дед... В тылу люди трудились, как на фронте. Трудились женщины, дети, старики. Все ждали победу, каждый делал всё, чтобы приблизить этот день. И вот 9 мая 1945 года официально было объявлено о том, что подписан акт о безоговорочной и полной капитуляции Германии. С этого дня началась история празднования Великой Победы русского народа в войне над фашистскими захватчиками. А 24 июня 1945 года на Красной площади в Москве состоялся первый торжественный Парад Победы, в котором приняли участие более 16 000 военных.

Идут годы, но молодые люди помнят подвиг своих дедов и прадедов. Накануне 9 Мая в школах России проходят уроки памяти, на которых рассказывают о подвигах солдат и народа в борьбе с фашизмом. В эти дни по радио и телевидению передают песни военных лет, показывают фильмы о событиях того времени.

Георгиевская ленточка

Ежегодно 9 Мая проводятся праздничные мероприятия. Люди приносят цветы к Могиле Неизвестного Солдата в Москве, а также к памятникам воинской доблести в разных уголках России. На Красной площади проходит большой праздничный Парад с участием военной техники, в том числе авиации. В память о погибших во время Великой Отечественной войны на всей территории России объявляется минута молчания. Неотъемлемой частью празднования Дня Победы стал салют.

В 2005 году появилась традиция прикреплять к одежде георгиевские ленточки как символ памяти и уважения ко всем воевавшим в Великой Отечественной войне.

В 2012 году в России зародилась новая традиция. 9 Мая этого года по улицам Томска прошли жители города, которые несли в руках фотографии своих родственников, участвовавших в Великой Отечественной войне. Эта акция получила название «Бессмертный полк». На следующий год эту идею поддержали во многих российских городах. С того времени «Бессмертный полк» ежегодно проходит по улицам российских городов, собирая миллионы людей.

Бессмертный полк

9 Мая отмечается не только в России, но и во многих странах бывшего Советского Союза: Азербайджане, Армении, Белоруссии, Грузии, Казахстане, Киргизии, Узбекистане и др.

Задание 6.

А. Проверьте, правильно ли вы поняли содержание текста, ответив на следующие вопросы.

1. Когда в России отмечают День Победы?

2. Как вы думаете, почему День Победы отмечают с особой торжественностью?

3. Когда появился этот праздник?

4. Когда и где прошёл первый Парад Победы?

5. Как отмечают 9 Мая в современной России?

6. Символом чего является георгиевская ленточка?

7. Что такое «Бессмертный полк»?

8. Где ещё празднуют День Победы?

Б. Расскажите, знают ли об этом празднике в вашей стране.

ЭТО ИНТЕРЕСНО

Почти 900 дней (с 8 сентября 1941 года по 27 января 1944 года) продолжалась блокада (изоляция от внешнего мира) Ленинграда (сейчас Санкт-Петербург). Несмотря на то что часть жителей была вывезена из города, в нём осталось большое количество горожан. По разным данным за время блокады погибло от 600 000 до 1 500 000 человек. Большая часть погибла от голода и холода.

Задание 7. Расположите предложения в соответствии с содержанием текста.

☐ 1. Ежегодно во всех российских городах проходят праздничные шествия в честь Дня Победы.

☐ 2. История праздника начинается с 9 мая 1945 года, когда был подписан акт о безоговорочной и полной капитуляции Германии.

☐ 3. Георгиевская ленточка — это символ памяти и уважения ко всем воевавшим в Великой Отечественной войне.

☐ 4. В разных уголках России приносят цветы к памятникам воинской доблести.

☐ 5. Обязательная часть праздничной программы — салют.

☐ 6. 24 июня 1945 года состоялся первый Парад Победы.

☐ 7. Россияне прикрепляют к одежде георгиевские ленточки.

☐ 8. День Победы отмечают и во многих странах бывшего Советского Союза.

Задание 8. Вы уже знаете, что в России ежегодно 9 Мая проходит акция «Бессмертный полк». Рассмотрите иллюстрацию. Используя полученную информацию, расскажите, как россияне относятся к этой акции. Проводятся ли подобные мероприятия в вашей стране?

9 мая в Москве и других городах прошла акция «Бессмертный полк», в рамках которой несколько сотен тысяч человек пронесли по улицам портреты своих участвовавших в войне родственников. Вы участвовали в этой акции или нет?

Участвовал сам — 14%

Я не участвовал, но участвовали члены моей семьи — 21%

Я и члены моей семьи не участвовали в этой акции — 65%

Затрудняюсь ответить — 0%

96% положительно относятся к акции «Бессмертный полк»

Какие чувства, эмоции у вас вызывает акция «Бессмертный полк»?

Положительные / сильные эмоции / высокие чувства — 16%

Гордость за своих отцов и дедов за страну — 35%

Память о войне / воспоминания о предках / забота о ветеранах — 16%

Дух патриотизма — 10%

Радость / счастье — 5%

Как вы считаете, люди, участвовавшие в акции «Бессмертный полк», пришли на неё по собственной инициативе или их кто-то заставил участвовать?

Пришли по собственной инициативе — 93%

Их заставили участвовать — 3%

Затрудняюсь ответить — 4%

Вы лично в следующем году планируете или не планируете участвовать в акции «Бессмертный полк»?

Скорее планирую участвовать — 49%

Скорее не планирую участвовать — 35%

Затрудняюсь ответить — 16%

По материалам сайта: infographics.wciom.ru

Задание 9. Найдите и прослушайте фрагмент песни «День Победы» (музыка Д. Тухманова, слова В. Харитонова), прочитайте текст и ответьте на вопросы.

День Победы, как он был от нас далёк,

Как в костре потухшем таял уголёк.

Были вёрсты, обгорелые, в пыли,

Этот день мы приближали, как могли.

Припев:

Этот День Победы

Порохом пропах,

Это праздник

С сединою на висках.

Это радость

Со слезами на глазах.

День Победы!

День Победы!

День Победы!

1. В песне есть слова: День Победы — «это радость со слезами на глазах». Как вы понимаете смысл этой фразы?
2. Почему автор песни говорит, что «День Победы порохом пропах»?
3. Надо ли сохранять память о событиях военных лет? Почему вы так думаете?
4. Каким чувством проникнуто исполнение этой песни?

Задание 10. Используя материал урока, напишите вопросный план сообщения о праздновании Дня Победы в России.

Задание 11. Найдите и посмотрите фрагмент Парада Победы на Красной площади. Какие атрибуты подчёркивают торжественность момента?

ПОДВОДИМ ИТОГИ

✓ Какому событию посвящён праздник 9 Мая?
✓ Где отмечается этот праздник?
✓ Зачем накануне праздника россияне прикрепляют к одежде георгиевские ленточки?
✓ Что такое «Бессмертный полк» и почему он так называется?
✓ Какие традиции празднования Дня Победы вам показались наиболее интересными?

Итоговая игра по теме «Праздничные традиции россиян»
Праздничный калейдоскоп

Инструкция
В игре участвуют две команды, которые выполняют задания. Каждый правильный ответ даёт 1 балл. Выиграет команда, которая быстрее выполнит все задания и наберёт наибольшее количество баллов.

Задание 1. Рассмотрите иллюстрации. Напишите, к каким праздникам они относятся.

Задание 2. Рассмотрите облака слов. Напишите, к каким праздникам они относятся.

Облако 1: Куранты, гирлянда, Мороз, каникулы, игрушка, подарок, первое, декабря, мишура, тридцать, снег, свеча, января, Дед, ёлка, примета, Зима, Снегурочка, шампанское

Облако 2: колядки, рождение, пещера, седьмое, прорубь, пост, колядование, церковь, вертеп, Вифлеемская, богослужение, Христа, символ, гадание, крещение, сочельник, звезда, января

Облако 3: зима, гости, ГУЛЯНЬЯ, горка, весна, игры, развлечения, прощение, день, блины, солнце, катание, широкая, снежки, ряженые, прощёный

Облако 4: весна, цветы, любовь, бабушки, равноправие, женщины, мимозы, букет, мамы, знак, права, красота, подарки, сёстры, внимания

Облако 5: бессмертный, георгиевская, победа, уважение, вечный, фронтовик, парад, салют, полк, традиция, огонь, война, ленточка, ветеран, подвиг, прадед, память, дед

Облако 6: Суббота, чудо, кулич, пост, Чистый, ход, Пятница, служба, царь, творожная, Христово, крашенки, крестный, церковная, Пасха, воскресение, Четверг, Страстная

Задание 3. Распределите в хронологической последовательности праздники, которые вы указали в задании 2.

_____

_____

_____

_____

_____

Задание 4. Ответьте на вопросы викторины.

Когда в России отмечают Новый год?
   А. тридцать первого декабря
   Б. тридцатого декабря
   В. тридцать первого января

Что русские не делают на Новый год?
   А. едят мандарины и пьют шампанское
   Б. едят блины
   В. запускают фейерверки

Куранты — это … .
   А. шампанское
   Б. салат
   В. большие часы

Сочельник — это … .
   А. день, когда начинается рождественский пост
   Б. день накануне Рождества
   В. день, когда по традиции окунаются в прорубь

Колядки — это … .
   А. название праздничного рождественского угощения
   Б. песни — пожелания добра
   В. композиция, показывающая сцену Рождества Христова в пещере

На Масленицу русские готовят … .
   А. блины
   Б. кашу
   В. суп

Крашенки делают к … .
   А. Масленице
   Б. Пасхе
   В. Крещению

На Пасху в России пекут … .
   А. торт
   Б. пироги
   В. кулич

Когда в России отмечают Международный женский день?
   А. первого марта
   Б. восьмого марта
   В. двадцать третьего февраля

Что россияне обычно делают в День Победы?
   А. вспоминают подвиги предков, смотрят салют
   Б. готовят вкусный ужин, приглашают друзей в гости
   В. дарят подарки всем друзьям

Задание 5. Напишите как можно больше «праздничных» глаголов.

Праздновать,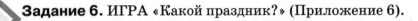

Задание 6. ИГРА «Какой праздник?» (Приложение 6).

Правила: на столе разложены перевёрнутые карточки с названиями праздников, надписи не видны. Один игрок выбирает карточку, но не смотрит в неё, а показывает название праздника команде соперников. Получается, что только они будут знать, что там написано. Затем, чтобы угадать название праздника, этот игрок задаёт соперникам не более пяти вопросов, на которые можно ответить «да» или «нет». Если он отгадал праздник, то его команде присуждается 1 балл. Затем выходит игрок из второй команды и берёт другую карточку. Игра продолжается до тех пор, пока не будут отгаданы все праздники.

ПРЕЕМСТВЕННОСТЬ ПОКОЛЕНИЙ

урок 16 Современная российская семья: проблемы и ценности

Лексика — семейные ценности • характеристика семьи • семейные проблемы

Грамматика — образование форм императива

Речевые ситуации — комментирование инфографики • сообщение о свадебных традициях

ДАВАЙТЕ ОБСУДИМ

1. Как вы понимаете слова великого русского писателя Льва Толстого: «Все счастливые семьи похожи друг на друга, каждая несчастливая семья несчастлива по-своему»?

2. Согласны ли вы с мнением, что семья — это самое главное в жизни? Аргументируйте свой ответ.

3. Как вы считаете, наступит ли такое время, когда люди перестанут создавать семьи?

Задание 1. Прочитайте слова. Запишите новые слова в тетрадь и запомните.

жениться — пожениться — создать семью, вступить в брак
(Мужчина женится. Женщина выходит замуж.)
брак — официально оформленные семейные отношения
семейная пара — муж и жена; люди, находящиеся в браке
развод — официальное прекращение (окончание) семейных отношений (разводиться — развестись)
молодые, молодожёны, новобрачные — так называют жениха и невесту, которые вступают в брак (создают семью)

Задание 2.

А. Рассмотрите фотографии и прочитайте названия свадебных традиций, существующих в России. Попробуйте разгадать смысл этих традиций.

Благословение родителей

Отпускание голубей

Обмен кольцами

Осыпание молодых

Свадебная прогулка

Замок любви

Встреча хлебом и солью

Подарки

Б. Расскажите, какие свадебные традиции существуют в вашей стране. Используйте данные **модели:**

> **Где (в какой стране)** (№ 6) свадьба празднуется **сколько дней**.
>
> Перед свадьбой (церемонией) **кто** (№ 1) делает **что**.
>
> Во время свадьбы (церемонии) **кто** (№ 1) делает **что**.
>
> На церемонии присутствует **кто** (№ 1).
>
> У нас есть традиция: ...
>
> На свадьбе принято **что делать**.

Задание 3. Прочитайте слова. Запишите новые слова в тетрадь и запомните.

поддержка — помощь

супруги — муж и жена (муж — супруг, жена — супруга)

доход семьи — деньги, которые получает семья: заработная плата (деньги за работу), стипендия, пенсия, деньги от продажи, аренды, оказания услуг, гонорары

субсидии — денежные выплаты от государства

льготы — полное или частичное освобождение от каких-либо социальных правил, дополнительные права

Задание 4.

А. Рассмотрите схему текста «Молодая семья». Прочитайте текст. Во время чтения дополните каждую часть схемы важной информацией.

Семья — это...

Проблемы молодой семьи

Помощь семье от государства

Молодая семья

Дополнительная помощь

Какая семья может стать участником

Виды поддержки

Семья, по мнению большинства людей, — это самое главное в жизни человека. Семья не существует сама по себе (отдельно). Она живёт в конкретном городе, в определённой стране, в которой происходят изменения и в политике, и в экономике. Эти изменения, к сожалению, часто приводят к проблемам в семье: дорогое жильё, низкая зарплата, необходимость переезжать в большой город с целью найти хорошую работу, развод, отсутствие времени для совместного семейного отдыха. Чаще всего с такими проблемами сталкиваются молодые семьи.

Проблемы современной молодой семьи относятся к числу наиболее важных и актуальных. Помощь молодым семьям — относительно новый вид государственной поддержки, предоставляемый на всей территории России. Например, с 2011 года в России существует государственная программа «Молодая семья».

Цель программы — оказать поддержку молодым семьям в решении жилищных проблем. Жилищный вопрос — наиболее острый, потому что недвижимость в России стоит очень дорого. Молодые семьи далеко не всегда могут купить дом или квартиру, а жить с родителями уже не хотят или не могут.

Участником данной программы может стать каждая семья, в которой возраст обоих супругов не превышает 35 лет, которая не имеет собственного жилья и у которой есть стабильный доход. В рамках программы молодая семья может получить земельный участок для строительства дома, жилищный сертификат на покупку жилья размером от 30 до 35 % стоимости жилья, финансовую помощь при покупке жилья в форме социальной ипотеки (кредит с низкой процентной ставкой). Реализуется и другая, более масштабная программа помощи молодым семьям. Эта программа распространяется на семьи с детьми. Для них существенно снижена процентная ставка по кредиту.

Российская молодая семья может получить и другие льготы. Если у семьи низкий доход, она имеет право на субсидии на оплату коммунальных услуг (электричество, водоснабжение, отопление и др.), налоговые льготы и другие выплаты и льготы, которые установлены в регионе проживания.

Для участия в программе «Молодая семья» супругам нужно собрать пакет документов, написать заявление и обратиться в местную администрацию. Это позволит им улучшить свои жилищные условия.

Б. Опираясь на схему на с. 145, расскажите о поддержке молодых семей в России.

Задание 5.

А. Прочитайте слова и словосочетания. Запишите новые слова в тетрадь и запомните.

препятствие — помеха, невозможность что-либо сделать

зависимость — ограничение (финансовая, материальная зависимость)

бедность — отсутствие денежных средств для жизни

измена — любовные отношения с другим человеком при наличии официального брака

ревность — мучительное состояние сомнения в верности, любви и преданности партнёра

Б. Как вы думаете, почему люди женятся и почему разводятся?

В. Рассмотрите иллюстрацию. Используя речевые **модели** и конструкции, данные на с. 148, расскажите, как россияне комментируют браки и разводы.

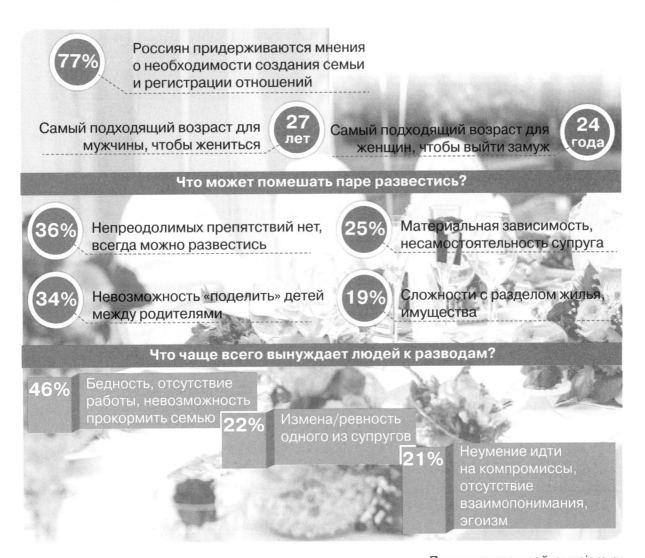

77% Россиян придерживаются мнения о необходимости создания семьи и регистрации отношений

Самый подходящий возраст для мужчины, чтобы жениться **27 лет**

Самый подходящий возраст для женщин, чтобы выйти замуж **24 года**

Что может помешать паре развестись?

36% Непреодолимых препятствий нет, всегда можно развестись

25% Материальная зависимость, несамостоятельность супруга

34% Невозможность «поделить» детей между родителями

19% Сложности с разделом жилья, имущества

Что чаще всего вынуждает людей к разводам?

46% Бедность, отсутствие работы, невозможность прокормить семью

22% Измена/ревность одного из супругов

21% Неумение идти на компромиссы, отсутствие взаимопонимания, эгоизм

По материалам сайта: wciom.ru

Инфографика *показывает* **что** (№ 4).

Из инфографики *видно*, **что/как** ...

Рисунок/статистика *показывает* **что** (№ 4).

Данные *указаны* в процентах.

Слева/справа/внизу/вверху *можно увидеть* данные **о чём** (№ 6).

Сколько процентов (...%) человек *считают/думают/полагают*, что ... .

Сколько процентов (...%) участников опроса *придают особое значение* **чему** (№ 3).

Удивляет то, что ... .

Я *думаю*, что ... .

Императив		
Давай(те)	петь/играть/смотреть!	процесс
	пойдём/сделаем/нарисуем!	результат

 Задание 6. Прочитайте описание ситуации. Распределите роли и разыграйте полилог, используя данные речевые **модели**:

Давайте делать **что**.

Помоги мне, пожалуйста, **что сделать**.

Собери **что** (№ 4), *положи* **куда** (№ 4), *оставь* **что** (№ 4) **где** (№ 6).

Возьми **что** (№ 4), *поставь* **куда** (№ 4), *принеси* **что** (№ 4), *дай* **что** (№ 4).

Ситуация. Представьте себе, что у вас пятеро детей. Ваш(а) муж (жена) уехал(а) в командировку. Вам нужно организовать семейный вечер, приготовить ужин и накормить детей. Каждый ребёнок хочет заниматься своим делом, а вам нужно, чтобы дети вам помогли.

Роль	Занятие	Тактика поведения
Павел, 5 лет	играет в машинки	считает, что построить гараж сейчас важнее
Саша, 8 лет	играет в компьютерную игру	убеждён, что сначала должен выиграть, а уж потом помогать
Лена, 12 лет	делает себе причёску	говорит, что для девочки главное — быть красивой, а не уметь готовить
Олег, 15 лет	смотрит фильм (боевик)	не может отвлечься от просмотра увлекательного фильма
Маша, 16 лет	делает себе макияж	на диете, ужин её не интересует

Задание 7. Рассмотрите иллюстрацию и прокомментируйте информацию об идеальной семье. Для ответа используйте речевые модели данного урока. Какой должна быть идеальная семья в вашем понимании?

Причины вступления в брак

- 51 % чувства
- 36 % рассудок
- 13 % нет ответа

Идеальные семьи в России

- 40% отсутствуют
- 36% есть
- 12% есть, моя семья идеальна
- 12% нет ответа

83% **Идеально** равное участие в ведении домашнего хозяйства

86% **Идеально** проживание без родителей

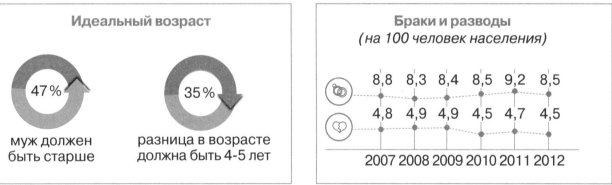

Идеальный возраст

- 47 % муж должен быть старше
- 35 % разница в возрасте должна быть 4-5 лет

Браки и разводы
(на 100 человек населения)

	8,8	8,3	8,4	8,5	9,2	8,5
	4,8	4,9	4,9	4,5	4,7	4,5
	2007	2008	2009	2010	2011	2012

Идеальные отношения

- 64% доверие
- 55% любовь
- 55% уважение
- 37% забота
- 26% терпение
- 16% интересы
- 12% дружба
- 6% влечение
- 2% восхищение

По материалам сайта: iamruss.ru

Задание 8. Найдите соответствия.

уважение ●	а) процесс взаимодействия людей, в котором происходит обмен информацией, опытом, результатами деятельности
прощение ●	б) способность отвечать за свои действия, поступки
общение ●	в) социальное и культурное наследие, передающееся из поколения в поколение
честность ●	г) отношение, основанное на признании чьих-нибудь достоинств, заслуг, качеств
ответственность ●	д) бескорыстная помощь другим, отсутствие жадности
традиции ●	е) стремление говорить правду
щедрость ●	ж) отказ от возмездия за обиду и нанесённый ущерб

Задание 9. Прочитайте, уточните значение незнакомых слов. Подчеркните те понятия, которые, по-вашему, составляют основу счастливой семьи. Обоснуйте своё мнение.

терпение	невнимание	поддержка	безответственность
унижение	уважение	злость	доброта
безучастность	верность	прощение	тунеядство
честность	неискренность	нетерпимость	ответственность

Задание 10. Прочитайте реплики. Покажите стрелками, что выражает каждая из них.

— Не переживай! У нас всё получится.	● уважение
— Я не обижаюсь на тебя, но прошу больше так не делать!	● вера
— Давай попробуем ещё раз!	● поддержка
— Каждый день я хочу проводить только с тобой!	● верность
— Ты — сильный, ты справишься!	● прощение
— Можешь на меня положиться! Я же тебя никогда не подводил!	● терпение
— Для меня очень важны твои интересы.	● ответственность

Задание 11. С древних времён святые Пётр и Феврония считаются покровителями семьи и брака. Их любовь и супружеская верность считаются примером идеального христианского брака. Благоверным Петру и Февронии Муромским молятся о семейном благополучии, о счастье в браке, о даровании детей. Прослушайте текст и ответьте на вопросы.

1. Какой новый праздник появился в России в 2008 году?
2. Когда отмечают этот праздник?
3. Почему был выбран этот день для праздника?
4. Какой город является центром празднования и почему? Кто такие Пётр и Феврония?
5. Кем была Феврония? Что особенного она сделала для князя Петра?
6. Как прожили свою жизнь Пётр и Феврония? Как эта любовь проявилась даже после их смерти?

Памятник Петру и Февронии в Муроме

Задание 12. Закончите предложения.

1. В 2008 году в России появился новый ＿＿＿＿＿＿＿＿＿. 2. Пётр и Феврония являются покровителями семейного ＿＿＿＿＿＿＿＿＿. 3. Святым Петру и Февронии по всей России открыты десятки ＿＿＿＿＿＿. 4. Пётр — муромский ＿＿＿＿＿＿＿, а Феврония — ＿＿＿＿＿＿＿＿＿. 5. Пётр женился на Февронии, потому что она его ＿＿＿＿＿＿＿＿＿. 6. Пётр и Феврония жили и княжили в русском городе ＿＿＿＿＿＿＿.

7. Символом Всероссийского Дня семьи, любви и верности стала ＿＿＿＿＿＿＿.

8. Русские люди считают этот день счастливым для ＿＿＿＿＿＿＿.

|| ЭТО ИНТЕРЕСНО

С каждым годом День семьи, любви и верности становится в России всё более популярным. У нового семейного праздника уже есть памятная медаль «За любовь и верность», которая 8 июля вручается семейным парам, живущим во взаимной любви, верности, благополучии, добившимся уважения и воспитавшим детей достойными людьми. Символ праздника — ромашка — полевой цветок, который считался на Руси символом любви.

Задание 13. Соедините части пословиц. Подумайте и скажите, что они обозначают. Приведите примеры ситуаций, в которых можно их употребить.

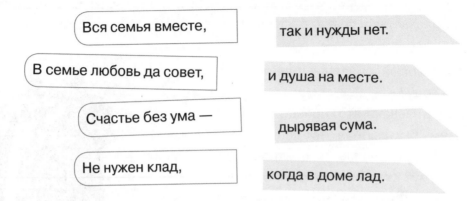

Вся семья вместе,	так и нужды нет.
В семье любовь да совет,	и душа на месте.
Счастье без ума —	дырявая сума.
Не нужен клад,	когда в доме лад.

Задание 14. Расскажите, как избежать появления проблем в семье.

Используйте конструкции: Чтобы семья была крепкой, необходимо … .
Основными ценностями семьи должны быть … .
Важно каждый день … .

 Задание 15. Обсудите, какие проблемы чаще всего возникают в семьях. Подготовьте 2-3 вопроса по каждой теме и задайте их друг другу.

ПОДВОДИМ ИТОГИ

✓ Какой возраст вы считаете наиболее подходящим для вступления в брак?
✓ С какими проблемами сталкиваются молодые семьи в вашей стране?
✓ Как государство помогает молодым семьям в вашей стране?
✓ Что такое счастливая семья? Что, по-вашему, является основой счастливой семьи?
✓ Назовите три слова, которые, по-вашему, могут быть формулой семейного счастья.

Образование в России

Лексика	названия учебных заведений • уровни образования • система образования
Грамматика	аббревиатура • сравнения • образование отглагольных существительных • использование сравнительных конструкций
Речевые ситуации	сообщение информации об особенностях системы образования в родной стране и в России

аттестат
диплом техникум
среднее профессиональное образование
лицей
олимпиада
оценка
образовательный центр
экзамен
университет высшее образование
медаль колледж ВУЗ учебный год
школа ЕГЭ
электронный дневник

ДАВАЙТЕ ОБСУДИМ

1. Как вы считаете, влияет ли образование на уровень жизни человека?
2. Учёба — это трудно или легко? В каких ситуациях учиться трудно? Когда легко учиться?
3. Современные технологии помогают или мешают в учёбе?
4. Какие понятия в облаке слов вам знакомы?

Задание 1. Прочитайте информацию в таблице. Как вы думаете, какое образование является обязательным для всех граждан России?

Уровни образования в России
Общее образование
Дошкольное образование
Начальное общее образование (1–4 классы)
Основное общее образование (5–9 классы)
Среднее общее образование (10–11 классы)
Профессиональное образование
Среднее профессиональное образование
Высшее образование — бакалавриат
Высшее образование — специалитет или магистратура
Высшее образование — подготовка кадров высшей квалификации

Задание 2. Рассмотрите фотографии, прочитайте информацию и определите, кто какое образование получает. Для ответа используйте таблицу задания 1 и **модель:**

Кто (№ 1) получает **какое** образование.

Марина и Таня, 4 года

Это Марина и Таня. Они ходят в детский сад «Солнышко». Здесь они играют, рисуют и учатся читать.

Катя, 8 лет

Это Катя. Она учится в школе во 2 классе. Её любимый предмет — математика. Сейчас у неё контрольная работа по математике.

Виктор, 15 лет

Этого молодого человека зовут Виктор. Он учится в 9 классе. Завтра у него будет очень трудный день: он будет сдавать экзамен по русскому языку.

Ольга, 17 лет

Это Ольга. Она учится в школе в 11 «Б» классе. Это профильный химико-биологический класс. Сейчас на уроке химии Ольга проводит опыты. Она серьёзно изучает химию и биологию, так как планирует поступать в медицинский вуз (высшее учебное заведение) и учиться на врача.

Ирина, 16 лет

Это Ирина. После девятого класса она решила пойти учиться в колледж. Ирина хочет стать кондитером. Здесь она учится основам кулинарии. Сегодня в группе Ирины проводится кулинарный конкурс.

Нина, 19 лет

Эту девушку зовут Нина. Она учится в университете на втором курсе экономического факультета. Сейчас Нина находится в аудитории: она внимательно слушает лекцию преподавателя и пишет конспект.

Задание 3. В текстах задания 2 найдите и подчеркните названия учебных заведений, впишите их в таблицу. Дополните таблицу названиями других учебных заведений: гимназия, техникум, училище, академия, институт.

Уровень образования	Учебное заведение
Дошкольное образование	
Общее образование (1–11 классы)	
Среднее профессиональное образование	
Высшее образование	

Задание 4. Рассмотрите иллюстрации и прочитайте подписи. Уточните значение новых слов. Какие из этих учебных атрибутов, характерных для российской системы образования, есть и в вашей стране? К какому уровню образования они относятся?

1 оценка

2 электронный дневник

3 ЕГЭ

4 аттестат

5 золотая медаль

6 стипендия

7 дипломная работа

8 диплом бакалавра

9 красный диплом

Задание 5. Определите, каким словам из задания 4 соответствуют данные определения (проставьте номера иллюстраций).

- [ ] А. Деньги, которые студент получает за хорошую учёбу.
- [ ] Б. Экзамен, который сдают выпускники школ.
- [ ] В. Документ, в котором ставят школьные оценки и записывают домашнее задание.
- [ ] Г. Документ, который получают выпускники школ.
- [ ] Д. Документ, который получают студенты, имеющие отличные оценки.
- [ ] Е. Выпускная работа студента, которую он пишет в течение последнего года обучения в вузе.
- [ ] Ж. Высшая награда, которую вручают школьникам за успехи в учёбе.
- [ ] З. Показатель знаний учащегося.
- [ ] И. Документ о высшем образовании, который вручается студентам, обучавшимся в вузе четыре года.

Вспомните

Образование прилагательных от существительных

Россия → российский   экзамен → экзаменационный

профессия → профессиональный школа → дошкольный

учёба → учебный

Образование отглагольных существительных

обучать → обучение   получить → получение

знать → знание   окончить → окончание

выполнять → выполнение   преподавать → преподавание

Задание 6. Прочитайте и объясните, как вы понимаете выделенные слова и словосочетания. Подберите синонимичные выражения.

1. Обучение проводится **бесплатно**.
2. Классы **переполнены**.
3. Предметы сдаются **по выбору**.
4. Поступать в вуз по конкурсу **без дополнительных экзаменов**.
5. **Пересдать** экзамен.
6. **Отличная** учёба.

Задание 7. Подумайте и сформулируйте вопросы, которые, по вашему мнению, должны быть освещены в тексте об образовании в России. Прочитайте текст и скажите, есть ли в нём ответы на эти вопросы.

Образование в России

По закону «Об образовании в Российской Федерации» обучение в школах бесплатное. Обычно дети идут в школу в 7 лет. Учебный год во всех учебных заведениях России начинается 1 сентября. Этот день называют Днём знаний.

Традиционно мальчики и девочки учатся вместе, в одном классе. Классы в современных школах, как правило, переполнены и часто вмещают до 30 детей. На каждого ученика заведён электронный дневник, где учитель выставляет оценки и пишет домашнее задание. Родители могут в любое время в этом журнале увидеть оценки своего ребёнка.

Обязательным в России является обучение только до 9 класса. После 9 класса подростки принимают важное решение: продолжить обучение в школе в 10 и 11 классах, чтобы получить среднее общее образование, или поступить в учебное заведение для получения среднего профессионального образования, где обычно учатся три года, чтобы получить профессию, например медсестры, повара и др.

В России знания школьников оцениваются по пятибалльной системе — от единицы до пятёрки (высшая оценка). В действительности, единица — явление довольно редкое, так как уже двойка означает «неудовлетворительно».

В конце 11 класса школьники сдают ЕГЭ (единый государственный экзамен) по нескольким предметам. На основании результатов ЕГЭ выпускники школ могут поступать по конкурсу практически в любой вуз страны без дополнительных экзаменов.

После окончания школы ученики получают аттестат. Лучших выпускников школ, которые за время учёбы показали самые высокие результаты по всем школьным предметам, награждают золотой или серебряной медалью.

В России активно развивается олимпиадное движение: способные школьники участвуют в интеллектуальных соревнованиях по математике, русскому языку, химии, истории и другим предметам. Победа во Всероссийской олимпиаде школьников даёт льготы при поступлении в университет и возможность получить грант Президента РФ на обучение в вузе.

Современное высшее российское образование включает две ступени: бакалавриат и магистратуру. В университете учатся четыре года, чтобы получить диплом бакалавра, а чтобы получить диплом магистра, нужно учиться ещё два года.

В университете учебный год делится на два семестра. После каждого семестра студенты сдают зачёты и экзамены. Период, когда студенты сдают экзамены, называется сессия. В январе у студентов зимняя сессия, а в июне — летняя сессия. Если студент «провалился на экзамене», т. е. сдал экзамен на двойку, у него есть возможность пересдать его в следующем учебном семестре.

Студенты, отличающиеся успехами в учёбе, получают стипендию. В конце обучения в вузе студенты пишут дипломную работу и сдают государственные экзамены. Те, кто учился все годы на пятёрки, получают красный диплом — документ, подтверждающий отличную учёбу в университете.

В ведущих российских вузах существуют международные программы студенческого обмена. Эти программы позволяют студентам некоторое время обучаться за рубежом и получить двойной диплом. Конечно, совмещать учёбу в двух вузах нелегко, но это увеличивает шансы найти престижную работу в будущем.

Задание 8. Найдите в тексте и прочитайте фрагмент, в котором говорится:

— о начале учебного года;

— об электронном дневнике;

— о среднем профессиональном образовании;

— о системе оценивания;

— об экзамене, который сдают выпускники школ;

— об олимпиадах в России;

— о ступенях высшего образования;

— об обучении в вузе;

— о красном дипломе;

— о программах обмена.

Задание 9. Прочитайте предложения и исправьте неверные утверждения.

1. Учащиеся 1–4 классов получают основное общее образование.

2. Учебный год в школах и университетах начинается в разное время.

3. В современных классах обычно не хватает школьников.

4. У каждого школьника есть электронный дневник.

5. В России среднее профессиональное образование является обязательным.

6. После окончания школы ученики получают аттестат.

7. В российском образовании существует пятибалльная система оценивания.

8. После 11 класса все обязательно сдают ЕГЭ.

9. Бакалавриат и магистратура — это ступени высшего образования.

10. Чтобы получать стипендию, нужно успешно учиться.

11. Обучаясь по международной программе обмена, можно получить двойной диплом.

Задание 10. Подберите прилагательные к существительным.

Например: образование — высшее, среднее, профессиональное

школа — ....

....

год — ....

....

сессия — ....

....

экзамен — ....

....

медаль — ....

....

Задание 11. Составьте ассоциограмму по теме «Образование в России». В паре сравните свои ассоциограммы.

Задание 12. ИГРА «Кто больше?».

Правила: В игре участвуют две команды. Каждая команда по очереди называет по одному факту об образовании в России. Информация не должна повторяться. Побеждает команда, которая вспомнит больше фактов.

Задание 13. Сравните системы оценивания в учебных заведениях в разных странах. Обсудите, какая система, на ваш взгляд, более удобная.

В своём ответе используйте **модели**:

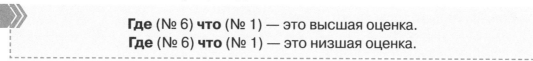

Где (№ 6) **что** (№ 1) — это высшая оценка.
Где (№ 6) **что** (№ 1) — это низшая оценка.

	Отлично ☺		Очень плохо ☹
5	Россия	1
A	США	F
10	Белоруссия	1
12	Украина	1
1	Германия	6
6	Швейцария	1
17–20	Франция	0–7
90–100	Япония	0–59

В России начало учебного года 1 сентября. Но так было не всегда. Раньше в образовательных заведениях Российской империи учебный год начинался в разное время — в конце августа, середине сентября или октября. Сельские начальные школы приступали к обучению только в декабре. Почему так поздно? Потому что в декабре полностью завершались сельскохозяйственные работы.

Задание 14.

А. Сравните особенности образования в России и в вашей стране. Заполните таблицу ключевыми словами.

Вопросы	В России	В моей стране
В каком возрасте дети идут в школу?		
Когда начинается учебный год?		
Как родители контролируют успеваемость ребёнка?		
Какое образование является обязательным?		
Как оцениваются знания учеников в школе?		
Какие награды получают лучшие выпускники школ?		
Какие экзамены сдают выпускники школ?		
В каких учебных заведениях можно получить среднее профессиональное образование?		
Как можно поступить в вуз?		
Что представляет собой структура высшего образования?		
Существуют ли международные программы студенческого обмена в вузах?		

Б. Напишите эссе об общих и отличительных чертах в системах образования в вашей стране и в России. Используйте информацию задания 14А.

ГРАММАТИЧЕСКАЯ ПОДСКАЗКА

Сравнительные конструкции

Где (№ 6) так же, как и **где** (№ 6), (существует) ... .
Где (№ 6), в отличие **от какой страны** (№ 2), (учебный год начинается) ... .

Задание 15.

А. Обсудите, что значит одарённый ребёнок и в каких направлениях может проявляться талант.

Б. Послушайте информацию о российском образовательном центре «Сириус» и определите правильную последовательность вопросов к тексту.

Образовательный центр «Сириус»

☐ Какова цель этого образовательного центра?
☐ Когда, где и по чьей инициативе был создан образовательный центр «Сириус»?
☐ Обучение в «Сириусе» платное?
☐ Сколько детей обучается в «Сириусе»?
☐ Кто может попасть в «Сириус»?
☐ В каких условиях живут и учатся дети?
☐ Кто занимается с одарёнными детьми?
☐ Какова продолжительность обучения в центре?

В. Расскажите об особенностях обучения в центре «Сириус».

Задание 16. Вспомните и расскажите смешные ситуации, которые происходили с вами и вашими друзьями во время учёбы.

Задание 17.

А. Прочитайте фразы, которые студенты обычно используют в разговоре об экзаменах и зачётах. Обсудите, какие фразы произносит счастливый студент (произнесите эти фразы с радостной интонацией). Какие фразы вы произнесёте с грустью?

1. Я сдал(а) зачёты по всем предметам.
2. Я сдал(а) экзамен по русскому языку на отлично!
3. У меня задолженность по истории.
4. Мне нужно пересдать экзамен.

Б. Составьте диалог с этими фразами.

Задание 18.

А. Прочитайте рекомендации по подготовке к экзаменам. Отметьте те, которые считаете полезными для себя.

Подготовка к экзаменам. Что нужно знать?

☐ Важен формат экзамена. Если вы готовитесь к устному экзамену, проговаривайте свои ответы вслух. Если готовитесь к тестированию, стоит прорешать десяток типовых тестов.

☐ Используйте эффективные для вас тактики, чтобы запомнить материал, например составляйте ассоциограммы или план ответа.

☐ Имеет смысл начинать со сложных вопросов, пока вы не устали и не потеряли концентрацию. Лёгкие вопросы оставляйте на потом.

☐ Ставьте ограничение по времени. Если чувствуете, что слишком долго сидите над одним вопросом, пропускайте его. Решите, сколько времени вы можете уделять одному билету.

☐ Отключите звук на смартфоне, чтобы во время подготовки новые сообщения не отвлекали вас.

☐ Постарайтесь не заходить в социальные сети. Это отвлекает от работы.

☐ Делайте перерывы. Во время перерыва можно выполнить несколько физических упражнений.

☐ Не оставляйте подготовку к экзамену на последний день.

☐ Перед экзаменом нужно выспаться.

☐ Не надейтесь списать на экзамене. За это вас могут удалить с экзамена.

Б. Прочитайте описание ситуации. Распределите роли и разыграйте полилог.

Ситуация. В одной группе семь студентов не сдали экзамен, так как при подготовке к экзамену допустили некоторые ошибки. Теперь им необходимо пересдать экзамен. Важно обсудить с ними причины, по которым они не смогли хорошо подготовиться к экзамену, и дать рекомендации.

Ключевые задания:

1 Изучите причины, по которым разные студенты плохо сдали экзамены, и распределите роли.

Студент 1 — учил всю ночь, но на экзамене не смог вспомнить нужный ответ.

Студент 2 — не хватило времени выучить все вопросы, выучил только половину.

Студент 3 — готовился к экзамену с помощью смартфона, но во время подготовки отвлекали сообщения и уведомления, поэтому плохо подготовился.

Студент 4 — не мог запомнить информацию.

Студент 5 — надеялся списать во время экзамена с телефона, но преподаватель сказал отключить телефон.

Студент 6 — не мог выучить все билеты, потому что после десятого выученного билета сильно заболела голова.

Студент 7 — плохо написал тест, хотя хорошо знал теорию.

2 Выберите одного студента, который знает, что делать, чтобы хорошо подготовиться к экзамену, и выступит в роли консультанта.

3 Разыграйте полилог, в котором студенты будут говорить о своих проблемах, а консультант давать рекомендации каждому (в качестве рекомендаций можно использовать материал задания 18А).

Задание 19.

А. Прочитайте русские пословицы об учении. Какие из этих пословиц вам знакомы?

- Ученье свет — неученье тьма.
- Век живи — век учись.
- Тяжело в ученье, легко в бою.
- Не стыдно не знать, стыдно не учиться.

Б. Послушайте толкование пословиц и определите, о какой пословице идёт речь.

В. Есть ли в вашем родном языке похожие выражения?

Задание 20. ИГРА «Учебные заведения» (Приложение 7).

Правила: Участники делятся на три группы. Каждый игрок берёт одну карточку из набора, не показывая её другим участникам игры. В ходе игры участники по вопросам пытаются угадать, где «учится» каждый игрок. Вопросы предполагают ответ «да» или «нет».

Пример диалога:

— Это высшее образование? *(в вопросе уточняется уровень образования)*
— Нет.
— Это среднее профессиональное образование? *(в вопросе повторно уточняется уровень образования)*
— Да.
— Ты учишься в техникуме? *(делается предположение, рекомендуется оформлять предположение в виде фразы)*
— Нет.
— Ты учишься в колледже? *(делается повторное предположение)*
— Да.

Если один из игроков угадывает название учебного заведения, то он берёт эту карточку себе. Побеждает тот, кто наберёт наибольшее количество карточек.

Задание 21. ИГРА «Проблемы и решения» (Приложение 8).

Правила: Участники игры делятся на две группы (важно, чтобы в каждой команде было одинаковое количество игроков). Каждый игрок берёт одну карточку-фразу, не показывая её никому. Игроки одной группы получают карточки-проблемы, игроки другой группы — карточки-решения. В ходе игры нужно без слов объяснить суть своей проблемы и найти того, кто без слов подскажет её решение. Побеждают студенты, которые первыми установят соответствие: проблема — решение.

ПОДВОДИМ ИТОГИ

✓ Что нового вы узнали об образовании в России?
✓ Что было интересно?
✓ Что было трудно?
✓ Что удивило вас?
✓ Что вы хотите узнать по этой теме дополнительно?

Памятники великим людям России

Лексика — синонимы к слову «памятник» • части памятника • материалы, которые используются при изготовлении памятников

Грамматика — краткие причастия • имена существительные и прилагательные в форме дательного падежа • согласование существительного и прилагательного

Речевые ситуации — описание памятников и их особенностей

ДАВАЙТЕ ОБСУДИМ

1. Вспомните имена великих людей России. Посмотрите на облако слов и назовите известных вам государственных деятелей, учёных, писателей, композиторов, художников.
2. Когда вы гуляете по городу, вы обращаете внимание на памятники великим людям? Как они обычно выглядят?
3. Зачем нужны памятники? Как, по вашему мнению, связаны слова «память» и «памятник»?

Менделеев Екатерина II
Гагарин Алфёров
Репин Суриков Пушкин Вернадский
Ломоносов
Рахманинов Пётр I Есенин
Владимир Великий Чайковский

Задание 1. Рассмотрите иллюстрацию и ответьте на вопросы.

1. Кому установлен этот памятник?
2. Чем знаменит этот человек? Что вы о нём знаете?
3. Что можно сказать об этом человеке по его облику?

Задание 2.

А. Рассмотрите иллюстрации и прочитайте информацию.

царь

Пётр Пе́рвый

(1672–1725)

учёный

Михаи́л Васи́льевич Ломоно́сов

(1711–1765)

поэт

Алекса́ндр Серге́евич Пу́шкин

(1799–1837)

космонавт

Ю́рий Алексе́евич Гага́рин

(1934–1968)

Б. Догадайтесь, о ком идёт речь.

1. Кто основал Санкт-Петербург? 2. По чьей инициативе был создан Московский университет? 3. Назовите имя первого космонавта Земли. 4. Кто написал «Сказку о рыбаке и рыбке»? 5. Кого называют энциклопедистом? 6. Кто учился в Лицее в Царском Селе? 7. Кто совершил полёт в космос 12 апреля 1961 года? 8. Кто «прорубил окно в Европу»? 9. Кто был смертельно ранен на дуэли?

Задание 3. Посмотрите на иллюстрации и скажите, что на них изображено. Предположите, как могут быть связаны эти изображения с памятниками великим людям, портреты которых помещены на с. 166. (Сравните свои предположения с иллюстрациями на с. 168.)

Слова для справок: змея, конь, лавровый венок, мундир, земной шар, космический корабль, перо.

✓

Вспомните

Образование прилагательных от существительных

бронза → бронз**ов**ый

медь → мед**н**ый

гранит → гранит**н**ый

конь → кон**н**ый

лицей → лицей**ск**ий

цилиндр → цилиндр**ическ**ий

космос → косм**ическ**ий

Задание 4. Прочитайте слова-синонимы, которые встретятся в текстах задания 8.

памятник = монумент

пьедестал = постамент = основание памятника = подножие памятника

император = царь

космический корабль = ракета

расположен = находится

Задание 5. Найдите однокоренные слова.

Высота, лавровый, строить, украшать, скульптор, полёт, летать, символ, знание, лавры, красивый, задумчиво, высокий, символизировать, строительство, знать, думать, скульптура.

Задание 6. Изобразите действия без слов.

— задумчиво сидеть
— подпирать голову рукой
— простирать руку
— держать в руках перо и бумагу

— охватывать
— лепить
— топтать
— читать стихи

Вспомните	
Кто? (№ 1)	**Кому? (№ 3)**
великий поэт	великому поэту
царь	царю
учёный	учёному
космонавт	космонавту
Пётр Первый	Петру Первому
Михаил Васильевич Ломоносов	Михаилу Васильевичу Ломоносову
Александр Сергеевич Пушкин	Александру Сергеевичу Пушкину
Юрий Алексеевич Гагарин	Юрию Алексеевичу Гагарину

Задание 7. Посмотрите на иллюстрации и ответьте на вопросы.

1. В каком городе находится памятник Петру I «Медный всадник»?
2. Перед каким зданием установлен памятник М. В. Ломоносову?
3. Какой из этих памятников является конным?
4. Какой из этих памятников называют «Бронзовый мечтатель»?
5. Какой из этих памятников самый высокий?

Памятник Петру Первому

Памятник М. В. Ломоносову

Памятник А. С. Пушкину

Памятник Ю. А. Гагарину

Задание 8. Прочитайте тексты и определите, в каких из них есть следующая информация о памятнике:

— история открытия
— скульптор
— местоположение
— описание памятника

— надпись на памятнике
— история названия памятника
— история спасения монумента в годы войны

Памятник императору Петру Первому находится на Сенатской площади в Санкт-Петербурге. Его открытие состоялось в 1782 году. Своё название « Медный всадник» памятник получил благодаря одноимённой поэме А. С. Пушкина, хотя на самом деле монумент изготовлен из бронзы. Модель конной статуи Петра выполнена скульптором Этьеном Фальконе в 1768–1770 годах. Голову статуи лепила ученица этого скульптора Мари-Анна Колло.

Пётр I сидит на вздыбленном коне, простирая одну руку над Невой. Его голову украшает лавровый венок, а ноги коня топчут змею, олицетворяющую зло. На гранитном основании по распоряжению Екатерины II выполнена надпись «Екатерина II Петру I» и дата — 1782 год. Эти слова с одной стороны памятника написаны на латыни, с другой — на русском языке. Вес самого памятника — около 8-9 тонн, высота — более 5 метров без учёта основания. Этот монумент стал символом Санкт-Петербурга.

1

Памятник учёному Михаилу Васильевичу Ломоносову на Воробьёвых горах Москвы установлен перед зданием Московского государственного университета на площади Ломоносова в 1953 году. Авторы: скульптор Н. В. Томский и архитектор Л. В. Руднев.

Четырёхметровая бронзовая фигура великого учёного стоит на цилиндрическом пьедестале из светло-серого гранита. Ломоносов держит в руках перо и бумагу. Его облик символизирует образ молодого учёного, стремящегося к знаниям. Пьедестал украшают три пояса, которые сверху и снизу охватывают его цилиндрическую часть. На обвитой лаврами доске, прикреплённой к постаменту, указаны имя учёного и годы его жизни.

2

Памятник поэту Александру Сергеевичу Пушкину в Царском Селе (ныне город Пушкин) был заложен в 1899 году, в столетний юбилей со дня рождения поэта, и открыт в 1900 году. Скульптор — Роберт Бах, немец по происхождению. Царское Село — это место, где расположен Лицей, в котором учился Пушкин. Именно поэтому на территории лицейского сада был установлен памятник великому поэту. В народе этот монумент называют «Бронзовый мечтатель». Пушкин в лицейском мундире задумчиво сидит на скамье: одна рука подпирает голову.

В годы Великой Отечественной войны памятник Пушкину был снят и зарыт. Это помогло спасти монумент от разрушения. После войны его установили на прежнее место.

3

Памятник первому космонавту Юрию Алексеевичу Гагарину на Ленинском проспекте работы скульптора П. И. Бондаренко был установлен в Москве в 1980 году.

Монумент изготовлен из титана — металла, используемого при строительстве космических кораблей. Скульптура Юрия Гагарина установлена на высоком ребристом постаменте. Высота памятника — 42,5 метра, общий вес — 12 тонн. У подножия монумента находится копия спускаемого аппарата корабля «Восток», на котором 12 апреля 1961 года Юрий Гагарин совершил первый полёт в космос. Фигура Гагарина устремлена ввысь. Высокий ребристый постамент является важной частью композиции и символизирует старт космической ракеты. Надпись на памятнике гласит: «12 апреля 1961 года советский космический корабль „Восток" с человеком на борту совершил полёт вокруг земного шара. Первый человек, проникший в космос, — гражданин Союза Советских Социалистических Республик Юрий Алексеевич Гагарин».

4

Задание 9. Скажите, к каким памятникам относятся эти фрагменты. Подтвердите свой ответ цитатой из текста.

Например: На первой иллюстрации изображён фрагмент памятника ... .
В тексте об этом памятнике говорится: ... .

ГРАММАТИЧЕСКАЯ ПОДСКАЗКА

Кто (№ 1) создал **что** (№ 4).
Скульптор создал памятник.
Что (№ 1) создан(-о, -а, -ы) **кем** (№ 5).
Памятник создан скульптором.

В пассивных конструкциях исполнитель действия не всегда упоминается.
Сравните: Памятник создан скульптором Этьеном Фальконе.
Памятник создан в 1770 году.

Глагол	Краткое причастие
написать	написан(-а, -о, -ы)
прикрепить	прикреплён (прикреплена(-о, -ы))
изготовить	изготовлен(-а, -о, -ы)
выполнить	выполнен(-а, -о, -ы)
установить	установлен(-а, -о, -ы)
открыть	открыт(-а, -о, -ы)

Обратите внимание!

Памятник изготовлен из бронзы. = Памятник изготовили из бронзы.
Памятник установлен на Ленинском проспекте. =
Памятник установили на Ленинском проспекте.
Памятник А. С. Пушкину в Царском Селе открыт в 1900 году. =
Памятник А. С. Пушкину в Царском Селе открыли в 1900 году.

Задание 10. Найдите лишнее слово в каждом ряду. Аргументируйте свой ответ.

1. Бумага, бронза, титан, гранит.

2. Фигура, статуя, скульптура, пьедестал.

3. Рука, голова, копия, нога.

4. Лицей, университет, космос, школа.

Задание 11. Дополните предложения подходящими по смыслу словами в правильной форме.

1. На гранитном основании выполнена ...: «Екатерина II Петру I».

2. ... памятника — 42,5 метра.

3. Общий ... памятника — 12 тонн.

4. Высокий ребристый ... является важной частью композиции.

5. Монумент изготовлен из ... .

6. Пушкин задумчиво сидит на ... .

7. Памятник Ломоносову установлен перед ... Московского университета.

8. Модель конной статуи Петра выполнена ... Этьеном Фальконе.

Слова для справок: надпись, вес, скамья, титан, высота, здание, скульптор, постамент.

Задание 12. Составьте словосочетания. Обратите внимание на согласование прилагательного и существительного.

Например: одноимённая поэма

одноимённый ●	учёный
лавровый ●	поэма
космический ●	пьедестал
цилиндрический ●	корабль
бронзовый ●	памятник
великий ●	венок

Задание 13. На основе прочитанных текстов заполните таблицу.

	Памятник Петру I	Памятник М. В. Ломоносову	Памятник А. С. Пушкину	Памятник Ю. А. Гагарину
Место				
Время открытия				
Скульптор				
Материал				
Особенности				

В России, в Республике Дагестан, есть необычная гора, которую называют Пушкин-Тау — «нерукотворный» монумент. Эта гора напоминает профиль великого поэта. Это природный памятник Пушкину!

Гора в Дагестане

Профиль А. С. Пушкина

 Задание 14.

А. Найдите информацию о памятниках А. С. Пушкину, установленных в разных странах. Заполните таблицу и расскажите об этих монументах.

Название страны и/или города	Год открытия	Скульптор
Индия (Дели)	1988	Аникушин
Китай		
Эфиопия		

В своём рассказе используйте **модели**:

> Памятник Пушкину **где** (№ 6) открыт **в каком году** (№ 6).
>
> *Памятник Пушкину в Индии, в Дели, открыт в 1988 году.*
>
> Скульптор памятника — **кто** (№ 1).
>
> *Скульптор памятника — Аникушин.*

Б. Если в вашей родной стране есть памятник А. С. Пушкину, подготовьте о нём сообщение.

Задание 15. Разгадайте кроссворд. Назовите зашифрованное словосочетание.

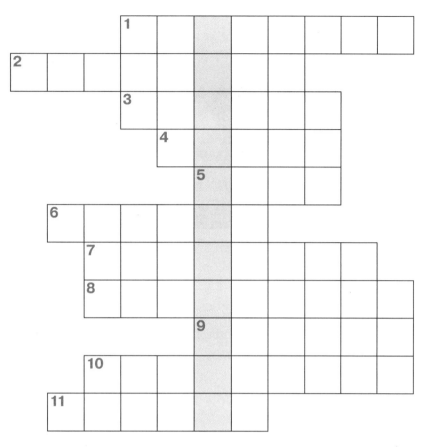

1. Венок на голове Петра I.
2. Синоним к слову «памятник».
3. Часть скульптуры Петра I, которую лепила ученица Этьена Фальконе.
4. Учебное заведение, в котором учился А. С. Пушкин.
5. Животное, которое топчет змею в скульптурной композиции «Медный всадник».
6. Материал, из которого делают основание памятника.
7. Республика, где есть необычная гора, напоминающая профиль Пушкина.
8. Человек, который создаёт памятники.
9. Праздник по поводу круглой даты, например столетия.
10. Основание памятника.
11. Форма одежды, которую носил Пушкин, когда учился в Царскосельском лицее.

Задание 16. ИГРА «Отгадайте слово».

Правила: один участник игры записывает на доске какое-либо ключевое слово по теме урока, второй участник игры находится около доски, но не видит это слово и пытается отгадать его по подсказкам остальных учащихся группы. Учащиеся группы поочерёдно объясняют записанное на доске слово, используя различные способы семантизации: толкование, контекст, синонимы, антонимы, в некоторых случаях жесты и мимику. Победителем становится тот, чьи подсказки будут самыми результативными.

Задание 17. Прослушайте информацию о памятнике князю Владимиру Великому и определите, верны ли следующие утверждения. Исправьте неверные предложения.

Памятник князю Владимиру Великому в Москве

	Да	Нет
1. Владимир Великий — креститель Руси.	☐	☐
2. Памятник Владимиру Великому установлен на Воробьёвых горах.	☐	☐
3. Памятник был открыт в 2016 году.	☐	☐
4. Скульптор — Салават Щербаков.	☐	☐
5. Высота монумента составляет 24 метра.	☐	☐
6. Над фигурой князя возвышается крест.	☐	☐
7. Фигура князя установлена на гранитном постаменте.	☐	☐
8. В левой руке Владимира — шапка.	☐	☐
9. Сначала памятник планировали установить на Боровицкой площади.	☐	☐
10. Место установки памятника определяли путём голосования.	☐	☐

Задание 18. Организуйте урок-экскурсию. Познакомьтесь с некоторыми памятниками великим людям России.

Ключевые задания:

1 Разделитесь на небольшие группы по 2-3 человека (допускается индивидуальная работа на этом этапе).

2 Выберите для каждой группы (или для каждого студента) один памятник.

Памятник **С. А. Есенину** на Есенинском бульваре в Москве
Памятник **П. И. Чайковскому** у Московской консерватории
Памятник **С. В. Рахманинову** на Страстном бульваре в Москве
Памятник **И. Е. Репину** на Болотной площади в Москве
Памятник **В. И. Сурикову** на Пречистенке в Москве
Памятник **Ж. И. Алфёрову** в Санкт-Петербурге
Памятник **Д. И. Менделееву** в Тобольске
Памятник **В. И. Вернадскому** в Тамбове
Памятник **Екатерине II** в Санкт-Петербурге
Памятник **Петру I** в Москве

③ Найдите в интернете информацию о выбранном памятнике.

1. Кому установлен этот памятник?
2. Чем известен этот человек?
3. Где расположен памятник?
4. Когда он открыт?
5. Из чего сделан памятник?
6. Кто скульптор?
7. Что написано на постаменте?
8. Какова высота памятника?
9. Особенные характеристики памятника (что находится у основания монумента, что символизирует и др.).

④ Организуйте обсуждение памятников известным людям России. Преподаватель показывает фотографию памятника и приглашает учащегося-гида, который изучил информацию об этом памятнике, ответить на вопросы остальных учащихся — «туристов». В ходе обсуждения монументов «туристы» могут задавать вопросы из плана, на который они ориентировались при подготовке.

Используйте конструкции: Скажите, пожалуйста, ...
                           Не могли бы вы уточнить, ...

Задание 19.

ИГРА 1. **«Узнайте памятник по трём подсказкам»** (Приложение 9).

Правила: игроки делятся на 2-3 группы, слушают подсказки и на скорость поднимают карточку с изображением памятника, о котором идёт речь. За правильный ответ с 1-й подсказки группа получает 3 балла, за правильный ответ со 2-й подсказки — 2 балла, за правильный ответ с 3-й подсказки — 1 балл. Побеждает группа, которая набрала больше баллов.

ИГРА 2. **«Три вопроса»** (Приложение 9).

Правила: один игрок загадывает памятник, другой, задав три вопроса, должен отгадать. Вопросы предполагают ответ «да» или «нет». После трёх «загадок» меняются ролями. Побеждает участник игры, который дал максимальное количество правильных ответов.

Пример диалога:
— Этот памятник находится в Москве? (*в вопросе уточняется место*)
— Да.
— Это памятник композитору? (*в вопросе уточняется, кому установлен памятник*)
— Да.
— Композитор дирижирует? (*в вопросе уточняется какая-то характерная черта памятника*)
— Нет.
— Я думаю, это памятник Рахманинову.
— Да.

ИГРА 3. «Найди название» (Приложение 9).

Правила: Игроки вырезают изображения памятников и их названия по пунктирным линиям, перемешивают карточки и в паре определяют соответствие: памятник — название. Побеждает пара, которая найдёт все соответствия быстрее всех.

ИГРА 4. «Факты» (Приложение 9).

Правила: Участники игры по очереди берут из стопки по одной карточке и называют какой-нибудь факт об этом памятнике (например, кому установлен, где находится, характерная особенность и др.). Если учащийся сообщает правильную информацию, он получает эту карточку. Если он не знает ни одного факта об этом памятнике, то карточка отправляется обратно в стопку. Побеждает тот, кто соберёт больше карточек. Если учащихся в группе много, то можно положить в стопку несколько наборов карточек, при этом уже названные факты о памятнике повторять нельзя.

Задание 20.

А. Составьте ассоциограмму по теме «Памятники великим людям России». В паре сравните свои ассоциограммы.

Б. Напишите эссе о памятниках великим людям в России и в вашей стране по **плану:**

1. Понятия «памятник» и «память».
2. Памятники великим людям России, которые вас впечатлили.
3. Описание одного из памятников в России.
4. Памятники великим людям в вашей стране.
5. Ваше отношение к скульптурам и монументам как хранителям памяти о великих людях.

ПОДВОДИМ ИТОГИ

✓ Что нового вы узнали о памятниках великим людям в России?

✓ Что было интересно?

✓ Что было трудно?

✓ Какие памятники великим людям России вы хотели бы посмотреть?

✓ Что вы хотите узнать по этой теме дополнительно?

Семь чудес России

Лексика достопримечательности • архитектурные и природные памятники • легенды

Грамматика определительные конструкции со словом «который»

Речевые ситуации сообщение информации о достопримечательностях, месте нахождения, истории, внешнем виде, отличительных признаках • повествование • запрос информации • убеждение

ДАВАЙТЕ ОБСУДИМ

1. Вы любите путешествовать?
2. Как вы любите путешествовать — с группой или самостоятельно? Почему?
3. Какие известные места в России вы знаете? Как они называются?
4. Какие ассоциации вызывает у вас слово «чудо»?

Задание 1. Прочитайте объяснения понятий, рассмотрите иллюстрации, найдите соответствия.

- [ ] 1. Удлинённая впадина (*углубление*) среди гор или вдоль реки.
- [ ] 2. Замкнутый (*изолированный*) в берегах большой естественный водоём.
- [ ] 3. Источник (*место начала*), который периодически выбрасывает фонтаны горячей воды и пара высотой от 20 метров и более.
- [ ] 4. Древнее место захоронения в виде холма, а также небольшая возвышенность.
- [ ] 5. Большая возвышенность, которая поднимается над местностью.

А Гора

Б Курган

В Долина

Г Гейзер

Д Озеро

Задание 2. В 2007–2008 годах телеканал «Россия» совместно с газетой «Известия» и радиостанцией «Маяк» провёл конкурс «Семь чудес России», целью которого стало определение семи самых красивых и интересных мест России. 12 июня 2008 года, в День России, на Красной площади были объявлены результаты конкурса. Рассмотрите иллюстрации. Выполните задания.

1. Познакомьтесь с интересными местами, которые стали победителями конкурса «Семь чудес России».
2. Прочитайте комментарий к каждой иллюстрации, найдите информацию, которая позволяет считать данные памятники природы и архитектуры чудесами России.
3. Обратите внимание на местонахождение данных памятников природы и архитектуры. Покажите их на карте России.

Вулканическая впадина на полуострове Камчатка, протянувшаяся на несколько километров. В ней находятся десятки гейзеров. Температура горячих источников составляет +95 °С.

Долина гейзеров (Камчатский край)

Самая высокая точка России и Европы. Гора состоит из двух вершин высотой 5642 и 5621 метр. Гора знаменита своими ледниками, питающими горные реки, минеральными источниками, которые расположены у подножия, и красивыми видами.

Эльбрус (Кавказ)

Храм, расположенный на Красной площади, был построен в XVI веке по указу царя Ивана Грозного. Строительство было начато в связи с завоеванием Казанского ханства. Собор состоит из 11 церквей.

Собор Василия Блаженного (г. Москва)

Столбы выветривания, или Маньпупунёр (Республика Коми)

Геологический памятник в Коми представляет собой семь столбов высотой от 30 до 42 метров. Гигантские столбы образовались в результате разрушения древних гор. В зависимости от места осмотра столбы напоминают и фигуру человека, и голову животного.

Óзеро Байкáл (Республика Бурятия)

Протяжённость озера свыше 600 км, ширина в среднем составляет 48 км. Максимальная глубина озера — 1637 м (в среднем 730 м). Образовалось 25–30 млн лет назад. Содержит в себе около 22% земных запасов пресной (несолёной) воды. В Байкал впадает 336 рек, а вытекает одна — Ангара. Байкал населяют около 600 видов растений и более 1200 видов животных, в том числе 50 видов рыб. Зимой огромное озеро замерзает.

Петергóф (г. Санкт-Петербург)

Памятник мировой архитектуры и дворцово-паркового искусства XVIII–XIX веков. На протяжении 200 лет был летней резиденцией императоров. Проект создан Петром I — сохранилось большое количество его рисунков и чертежей. Даже после смерти императора архитекторы продолжали реализовывать замыслы царя. В парке Петергофа расположено около 150 фонтанов.

Мамáев кургáн. Стáтуя «Рóдина-мать зовёт!» (г. Волгоград)

Мамаев курган своим названием обязан легенде о том, что здесь захоронен хан Золотой Орды Мамай. 2 февраля 1943 года в районе Мамаева кургана закончилась Сталинградская битва. Мемориал в честь этой битвы построили на кургане в 1959–1967 годах. Главная часть комплекса Мамаев курган — статуя высотой 52 м. От подножия вверх ведут 200 ступеней, символизирующих 200 дней и ночей Сталинградской битвы.

Задание 3. Прослушайте информацию, определите, о каких чудесах России идёт речь.

Задание 4. Найдите соответствия.

Гора Эльбрус ●	Волгоград
Долина гейзеров ●	Иркутская область
Мамаев курган и Родина-мать ●	Кавказ
Озеро Байкал ●	Камчатка
Петергоф ●	Коми
Столбы выветривания ●	Москва
Храм Василия Блаженного ●	Санкт-Петербург

Задание 5. Рассмотрите карту, скажите, какие чудеса России находятся в местах, обозначенных номерами.

ЭТО ИНТЕРЕСНО

Ключевская Сопка является самым высоким активным вулканом на Евразийском материке. Его высота 4 км 850 м. Ключевская Сопка выбрасывает столбы пепла на 8 км вверх. С каждым извержением он становится всё выше. Извергается на протяжении последних 7000 лет.

Вулкан Ключевска́я Со́пка

Задание 6.

А. Прочитайте самую известную легенду[1] о Байкале. Назовите реки, которые упоминаются в легенде. Скажите, с образованием какой реки связана эта легенда. Докажите примерами из текста.

Легенда о Байкале

Было у старого богатыря Байкала 336 сыновей и единственная дочь Ангара, которую он прятал на морском дне. Когда пришло время Ангаре выйти замуж, отец задумал отдать её за соседа Иркута. Но чайка, прилетевшая издалека, рассказала девушке про красивого богатыря Енисея, и зажглось сердце Ангары любовью. Она обманула отца, пробила горный хребет и вырвалась из моря. Обнаружив побег, Байкал в ярости кинул вслед дочери скалу, которая стоит у истоков Ангары и которую люди прозвали Шаман-камнем.

Б. Изучите информацию. Скажите, имеет ли легенда о Байкале право на существование.

Считается, что в Байкал действительно впадает 336 рек и ручьёв — именно столько насчитал в XIX веке исследователь Сибири Иван Черский. Экспедиция 2012 года выявила 297 водотоков. Точную цифру назвать сложно: водотоки бывают постоянными и временными, протекающими по поверхности земли и подземными. Гидрографы полагают, что в Байкал впадает примерно 500 рек и ручьёв, а питает всю эту систему свыше 13 тысяч водотоков. Вытекает из озера единственная река — Ангара. Сливаясь с Енисеем, она несёт байкальские воды в Северный Ледовитый океан. По сравнению с Байкалом Ангара очень молода — ей не более 60 тысяч лет.

Озеро Байкал зимой

В. Перескажите легенду о Байкале. Для рассказа используйте **модели:**

Где (№ 6) есть **что** (№ 1).
Существует легенда, **в которой** (№ 6) говорится / **которая** (№ 1) повествует **о чём** (№ 6).
Говорят, что ... .

---

[1] **Леге́нда** — это предание о каком-либо историческом событии, изложенное в художественной, поэтической форме. **Легенда́рный** — тот, кто вызывает восхищение.

Это легенда, **которая** (№ 1) рассказывает о … .
Это легенда, **у которой** (№ 2) есть несколько вариантов.
Это легенда, **которой** (№ 3) в истории придают большое значение.
Это легенда, **которую** (№ 4) мне рассказал мой дед.
Это легенда, **которой** (№ 5) обычно интересуются туристы.
Это легенда, **в которой** (№ 6) говорится о … .

Г. Расскажите, какие легенды вы знаете. О каких памятниках природы или событиях они повествуют? Предположите, как появляются легенды.

Задание 7.

А. Найдите информацию о легендарном российском природном памятнике «Озеро Байкал». Заполните таблицу.

Где находится?	
Чем знаменито (*возраст, интересные факты*)?	
Длина, ширина, глубина?	
Как туда добраться?	
Когда лучше туда поехать? (*ежегодные праздники, фестивали, климатические особенности*)	
Где можно остановиться?	
Что там необходимо сделать (*фотографии, какую еду попробовать*)?	

Б. Какие эмоции вызывают у вас изображения озера Байкал? Расскажите о Байкале, используя материал таблицы.

Задание 8. Представьте себе, что вы с друзьями приехали в Иркутск и хотели бы посетить озеро Байкал. Разыграйте диалоги с участием жителей Иркутска и туристов. В каждом диалоге должно быть не менее 20 фраз, включая запрос и предоставление информации. Необходимую для ответа информацию уточните в интернете.

Ситуации:

1. Турист прибыл в Иркутск, он ищет возможность поехать на озеро Байкал и обращается к прохожему на улице.
2. Турист едет вместе с местными жителями на поезде по Кругобайкальской железной дороге, которая проходит по берегу озера Байкал. Турист впервые видит озеро Байкал и интересуется увиденным чудом природы.
3. Турист интересуется ночлегом на берегу озера Байкал и обращается к местным жителям.
4. Турист гуляет вместе с местным жителем по берегу озера Байкал и интересуется его историей.
5. Турист, прибывший в Иркутск, сомневается, нужно ли ехать на озеро Байкал, и спрашивает совета у местного жителя.

Задание 9. Напишите синквейн о Байкале. (Модель см. на с. 74.)

Задание 10. ИГРА «Чудеса России».

Правила: Участвуют две команды, которым необходимо на скорость выполнить задания. Побеждает та команда, которая допустит меньше ошибок.

Семь чудес России

1. Дворцово-парковый ансамбль, который был основан Петром I.
   - А. Петергоф
   - Б. Гатчина
   - В. Павловск
   - Г. Ораниенбаум
   - Д. Царское Село

2. Высшая точка Европы.
   - А. Монблан
   - Б. Белуха
   - В. Эльбрус
   - Г. Ай-Петри
   - Д. Казбек

3. Где находятся знаменитые столбы, которые появились в результате многолетнего выветривания?
   - А. Ямало-Ненецкий АО
   - Б. Республика Хакасия
   - В. Республика Мордовия
   - Г. Республика Коми
   - Д. Чукотский АО

4. Собор из нескольких церквей, расположенный на Красной площади.
   - А. Успенский собор
   - Б. Храм Христа Спасителя
   - В. Собор Василия Блаженного
   - Г. Архангельский собор
   - Д. Казанский собор

5. Место, где во время Великой Отечественной войны проходила знаменитая битва.
   - А. Усадьба А. Фета (Курск)
   - Б. Красная площадь (Москва)
   - В. Дворцовая площадь (Санкт-Петербург)
   - Г. Мамаев курган (Волгоград)
   - Д. Озеро Байкал (Иркутск)

6. Самое глубокое озеро на Земле.
   - А. Каспийское море
   - Б. Байкал
   - В. Чудское
   - Г. Селигер
   - Д. Ханка

7. Эта знаменитая долина включена в список семи чудес России. Где эта долина находится?
   - А. Сахалинская область
   - Б. Камчатский край
   - В. Хабаровский край
   - Г. Чукотский АО
   - Д. Приморский край

Задание 11. Давайте отправимся в путешествие по семи чудесам России, чтобы больше узнать об этих достопримечательностях.

Ключевые задания

1. Поделитесь на группы. Выберите для каждой группы одно чудо России.

2. Исследуйте выбранный объект, сделайте презентацию о нём и подготовьте сообщение. (Для поиска информации используйте интернет-ресурсы.)

3. Для оформления результатов исследования вам поможет следующий **план**:

1.	Что это?	**Что** (№ 1) — это **что** (№ 1). **Что** (№ 1) представляет собой **что** (№ 4). **Что** (№ 1) является одним **из чего** (№ 2) (мн. ч.).
2.	Где это находится?	**Что** (№ 1) находится **где** (№ 6). **Что** (№ 1) расположено **где** (№ 6) / **на чём** (№ 6)/ **среди чего** (№ 2) / **рядом с чем** (№ 5).
3.	Немного истории *(чем знаменит, сколько лет, интерес-ные факты, легенды)*	**Что** (№ 1) знаменито / известно **чем** (№ 5). **Что** (№ 1) основано / построено / создано **когда** / **в каком году** / **в каких веках**. **Что** (№ 1) принадлежит / относится к числу *(каких)* **чего** (№ 2) (мн. ч.). **Для чего** (№ 2) характерно **что** (№ 1) / интересно **что**. Говорят, что существует легенда, в которой говорится / которая повествует **о чём** (№ 6). Здесь можно познакомиться **с чем** (№ 5).
4.	Как выглядит?	На фотографиях / изображениях можно увидеть (**какое**) **что** (№ 4). Фотографии / изображения, сделанные **где** (№ 6), показывают нам (**какое**) **что** (№ 4). Здесь вы видите **что** (№ 4).
5.	Как туда добраться?	Добраться / доехать **куда** (№ 4) можно **на чём** (№ 6) / **как**. Сначала нужно добраться **до чего** (№ 2). Затем нужно пересесть **на что** (№ 4) / сделать пересадку. Дальше нужно ещё ехать **сколько**, **на чём**.
6.	Когда лучше туда поехать? *(праздники, фестивали, климати-ческие особенности)*	Лучше всего поехать **куда** (№ 4) **когда**, потому что. Самое лучшее время для посещения **когда**, так как. В это время там проходит / проводится **что** (№ 1).
7.	Где остановиться?	Остановиться / переночевать можно **где** (№ 6). **Что** (№ 1) предлагает разные варианты ночлега / проживания.
8.	Что там необходимо сделать?	Если вы приедете **куда** (№ 4), вы обязательно должны попробовать **что** (№ 4) (местную кухню / блюдо). Туристы обычно делают **что** / любят **что** (№ 4). На память / близким / друзьям можно купить / привезти с собой **что** (№ 4).

/// ПОДВОДИМ ИТОГИ

- ✓ Какое чудо России вы хотели бы увидеть своими глазами? Почему?
- ✓ Какие легендарные места России вы ещё знаете?
- ✓ Какие факты из данного урока вызвали у вас наибольшее удивление?
- ✓ Расскажите, какие интересные места существуют в вашей стране.
- ✓ Назовите три слова-ассоциации, которые вызывает у вас Россия.

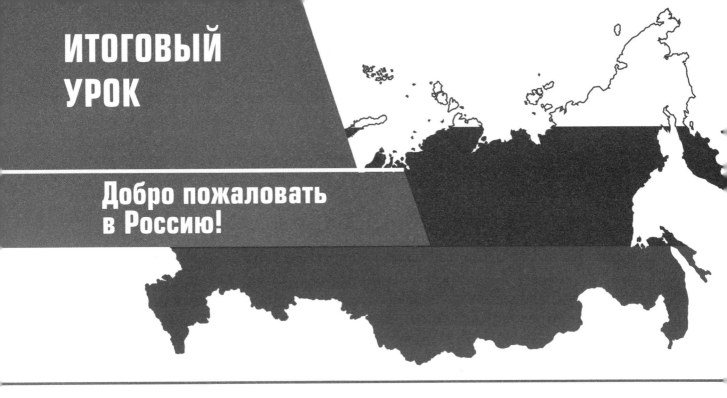

ИТОГОВЫЙ УРОК

Добро пожаловать в Россию!

Задание 1. Представьте, что вы сотрудники туристической фирмы. Вам необходимо создать проект рекламного буклета для привлечения туристов в Россию.

Ключевые задания:

1 Разделитесь на две команды.

2 В своей команде обсудите привлекательные для туристов объекты в России: города, достопримечательности, интересные музеи, сувениры, блюда русской кухни. Оформите свои идеи в виде ментальной карты.

3 Составьте краткое описание выбранных вами объектов. Используйте **модели**:

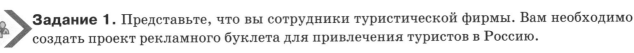

В России вы сможете увидеть **что** (№ 4).

Что (№ 1) — прекрасное место / замечательный город.

У вас будет возможность посетить / увидеть **что** (№ 4).

Когда будете **в каком** городе (№ 6), не забудьте посмотреть **что** (№ 4).

На каком празднике (№ 6) вы сможете попробовать такие блюда русской кухни, как ... .

Если вы любите сувениры, то знайте, что ... .

Интересуетесь **чем** (№ 5)? Советуем вам побывать **где** (№ 6), посмотреть **что** (№ 4).

Вас (приятно) удивит, что в России ... / **что** (№ 1).

4 Найдите в интернете или нарисуйте сами иллюстрации к выбранным объектам.

5 Придумайте рекламный слоган[1] для своего буклета. Рекламный слоган должен отражать основную идею вашего проекта. Определите место слогана в буклете — в начале или в конце.

6 Выберите от каждой команды представителя для защиты проекта: озвучить рекламный слоган и сообщить о привлекательных объектах в России для туристов.

Задание 2. Напишите синквейн о России. (Модель см. на с. 74.)

Задание 3. Квест «Соберите послание» (Приложение 10).

Описание: Учащиеся всей группой проходят 14 тематических станций, выполняя вместе на каждой станции задание на повторение ключевой информации курса «О России по-русски». Последовательность прохождения станций участники определяют самостоятельно. За правильно выполненное задание на каждой станции участники получают фрагмент послания под номером. Цель — собрать послание полностью.

---

[1] **Сло́ган** — это короткая яркая фраза, например «Россия — щедрая душа».

Послесловие

Россия — огромная страна, необъятны её просторы! Россия богата уникальными природными объектами, образцами творения человеческих рук, фольклором, легендами, ежегодными событиями, праздниками, фестивалями и многим другим. Путешествуя по России, вы обязательно встретите интересных людей, добрых и гостеприимных, увидите настоящую жизнь среди великолепия природы и многообразия разных российских народов, их культуры и ценностей.

Ключи

Урок 1

Задание 9.

1. 14 лет. 2. В училище правоведения в Петербурге. В Петербургской консерватории. 3. В 1866 году. 4. Книгами по биологии, астрономии и медицине. 5. Искусством и природой. 6. Гербарии. 7. Жизни.

Задание 15.

А. 6. Б. 2. В. 3. Г. 5. Д. 4. Е. 1.

Урок 3

Задание 9.

1. в 1848 году. 3. царь Петр I. 4. 1 раз. 5. от болезни сердца.

Урок 4

Задание 11.

2. Палех. 1. Хохлома. 3. Дымковская игрушка.

Урок 5

Задание 13.

1. Буддизм. 2. Христианство. 3. Ислам. 4. Иудаизм.

Урок 6

Задание 13.

1. Золотое кольцо. 2. Александру Невскому. 3. Игрушки. 4. Ярмарка. 5. Волге. 6. Дом-корабль.

Урок 7

Задание 7 А.

1. Изба. 2. Сакля. 3. Яранга. 4. Юрта. 5. Иглу. 6. Чум.

Урок 8

Задание 2 А.

Природные ресурсы, климатические условия, география, образ жизни народа (традиционный вид занятий), религия, влияние соседних стран.

Задание 10 Д.

1. хлеб. 2. хлебом. 3. праздник. 4. свёкла. 5. хлеб. 6. каши. 7. пельмени. 8. окрошка.

Урок 10

Задание 8.

Шампанское, праздник, президент, игрушки, куранты, гирлянда, Мороз, свеча, ёлка, подарок.

Урок 11

Задание 9.

Праздник, Рождество, колядование, вертеп, сочельник, прорубь, гадание, богослужение, пост, Крещение, Святки, церковь.

Урок 12

Задание 8 Б.

1. Катание на санях. 2. Катание с горки. 3. Перетягивание каната. 4. Игра в снежки.

Урок 17

Задание 5.

А. 6. Б. 3. В. 2. Г. 4. Д. 9. Е. 7. Ж. 5. З. 1. И. 8.

Задание 15 Б.

2. 1. 4. 3. 5. 8. 6. 7.

Задание 19 Б.

А. Век живи – век учись. Б. Тяжело в ученье, легко в бою. В. Не стыдно не знать, стыдно не учиться. Г. Ученье свет – неученье тьма.

Урок 18

Задание 2 Б.

1. Пётр Первый. 2. По инициативе М. В. Ломоносова. 3. Ю. А. Гагарин. 4. А. С. Пушкин. 5. М. В. Ломоносова. 6. А. С. Пушкин. 7. Ю. А. Гагарин. 8. Пётр Первый. 9. А. С. Пушкин.

Задание 7.

1. В Санкт-Петербурге. 2. Перед зданием МГУ. 3. Памятник Петру Первому. 4. Памятник А. С. Пушкину. 5. Памятник Ю. А. Гагарину.

Задание 11.

1. надпись. 2. высота. 3. вес. 4. постамент. 5. титана. 6. скамье. 7. зданием. 8. скульптором.

Задание 15.

1. лавровый. 2. монумент. 3. голова. 4. лицей. 5. конь. 6. гранит. 7. Дагестан. 8. скульптор. 9. юбилей. 10. пьедестал. 11. мундир.

Зашифрованное словосочетание: великие люди.

Задание 17.

1. да. 2. нет, на Боровицкой площади. 3. да. 4. да. 5. нет, 17,5 м. 6. да. 7. да. 8. нет, меч. 9. нет, на Воробьёвых горах. 10. да.

Список литературы

1. Архипова Л. В. Мы живём в России: учеб.-метод. пособие. — Тамбов: Изд-во Тамбовского государственного технического университета, 2007.

2. Александр Большунов. — [Электронный ресурс]. URL: https://news.nashbryansk.ru/v2/uploads/news/images/2019/March/661a91d56d26ff899d7153a885876feb5a1ca61796d3a893318646-1600x800.jpg (дата обращения: 26.02.2020).

3. Александр Овечкин. — [Электронный ресурс]. URL: https://sportwizard.ru/wp-content/uploads/2018/06/4-10.jpg (дата обращения: 26.02.2020).

4. Артем Дзюба. — [Электронный ресурс]. URL: https://mega-stars.ru/img/sport/pictures/dzyuba_artyom_sergeevich/internet/047.jpg (дата обращения: 26.02.2020).

5. Букринская И. А., Кармакова О. Е. Названия крестьянского жилища в русских говорах. — [Электронный ресурс]. URL: http://rus.1september.ru/article.php?ID=200300502 (дата обращения: 21.10.2019).

6. Былины. Пересказала для детей Н. П. Колпакова. — Л., 1973.

7. Виды ремёсел. — [Электронный ресурс]. URL: http://fb.ru/article/187467/romoclo eto-vidyi-remesel-narodnyie-remesla (дата обращения: 21.10.2019).

8. Виртуальный тур «Памятник Ломоносову (Москва, Воробьёвы горы)». — [Электронный ресурс]. URL: http://www.streetvi.ru/ru/3704910-Памятник-Ломоносову-Москва-Воробьёвы-горы/ (дата обращения: 21.10.2019).

9. Глазунова О. И. Давайте говорить по-русски: учебник по русскому языку. — М., 2003.

10. Государственная Третьяковская галерея. Икона «Троица» А. Рублёва. — https://www.tretyakovgallery.ru/ru/collection/_show/image/_id/70 (дата обращения: 21.10.2019).

11. Грузинский Пётр Николаевич (1837–1892). Масленица, 1889: холст, масло. — Режим доступа: свободный. — Текст. Изображение: электронные. — URL: http://www.art-catalog.ru/picture.php?id_picture=8049 (дата обращения: 21.10.2019).

12. День Петра и Февронии. — Электронный ресурс: https://ru.wikipedia.org/wiki/%D0%94%D0%B5%D0%BD%D1%8C_%D0%9F%D0%B5%D1%82%D1%80%D0%B0_%D0%B8_%D0%A4%D0%B5%D0%B2%D1%80%D0%BE%D0%BD%D0%B8%D0%B8 (дата обращения: 21.10.2019).

13. Дымковская игрушка — история промысла, как лепить, как раскрашивать. — [Электронный ресурс]. URL: https://7gy.ru/shkola/okruzhajuschii-mir/947-dymkovskaya-igrushka.html (дата обращения: 21.10.2019).

14. Жеребцова Ж. И. Масленица // Русский язык за рубежом: учеб.-метод. журнал. — 2012. — № 6. — С. 4–14.

15. Жилища Кавказа: Жилище. Историко-архивное обозрение. — [Электронный ресурс]. URL: http://www.infozium.ru/ (дата обращения: 21.10.2019).

16. Жилища народов мира // Этномир. Этнографический парк-музей России. — [Электронный ресурс]. URL: http://ethnomir.ru/posetitelyam/zhilishha-narodov-mira/ (дата обращения: 21.10.2019).

17. Жилища народов мира. — [Электронный ресурс]. URL: http://к-я.рф/Portfolio/88/ (дата обращения: 21.10.2019).

18. Жилище народов Сибири // Российский этнографический музей. — [Электронный ресурс]. URL: http://www.ethnomuseum.ru/zhilishche-narodov-sibiri (дата обращения: 21.10.2019).

19. Изба. — [Электронный ресурс]. URL: https://ru.wikipedia.org/wiki/%D0%98%D0%B7%D0%B1%D0%B0 (дата обращения: 21.10.2019).

20. Интернет-ярмарка дымковского народного промысла «Слобода Дымково». — [Электронный ресурс]. URL: http://www.dymkovo.com (дата обращения: 21.10.2019).

21. Инфографика «Байкал». — [Электронный ресурс]. URL: https://b1.culture.ru/c/68384.jpg (дата обращения: 21.10.2019).

22. Инфографика «Идеальная семья». — [Электронный ресурс]. URL: http://iamruss.ru/rossiya-v-tsifrah-infografika/ (дата обращения: 21.10.2019).

23. Инфографика «Красна Масленица блинами». — [Электронный ресурс]. URL: https://infographics.wciom.ru/theme-archive/society/religion-lifestyle/food-diet/article/krasna-maslenica-blinami (дата обращения: 21.10.2019).

24. Инфографика «Новогодние планы россиян». — [Электронный ресурс]. URL: http://ucrazy.ru/interesting/1324615854-infografika-novogodniy-vypusk.html (дата обращения: 21.10.2019).

25. Инфографика «Новогодняя ёлка — праздник в доме». — [Электронный ресурс]. URL: http://mshdm.narod.ru/infograf.html (дата обращения: 21.10.2019).

26. Инфографика «Пасха в России». — [Электронный ресурс]. URL: http://rekvizit.info/2017/04/kak-otmetili-pashu-v-rossii-infografika/ (дата обращения: 21.10.2019).

27. Инфографика «Религиозные течения в России». — [Электронный ресурс]. URL: https://aif.ru/dontknows/infographics/kakie_religioznye_techeniya_est_v_rossii_infografika (дата обращения: 21.10.2019).

28. Инфографика «Русский национальный характер». — [Электронный ресурс]. URL: http://iamruss.ru/russkij-natsionalnyj-harakter-v-tablitsah/ (дата обращения: 21.10.2019).

29. Инфографика «Что лучше: частный дом или квартира». — [Электронный ресурс]. URL: https://srbu.ru/stroitelnye-raboty/96-chto-luchshe-chastnyj-dom-ili-kvartira.html (дата обращения: 21.10.2019).

30. Информационное агентство «Красная весна». — [Электронный ресурс]. URL: http://rossaprimavera.ru/news/rossiya-provela-konferenciyu-o-zashchite-hristian-na-blizhnem-vostoke (дата обращения: 21.10.2019).

31. Иудаизм. — [Электронный ресурс]. URL: http://knowledge.su/i/iudaizm (дата обращения: 21.10.2019).

32. Кипренский Орест Адамович (1782–1836). Портрет поэта А. С. Пушкина, 1827: холст, масло. — Режим доступа: свободный. — Текст. Изображение: электронные. — URL: https://ru.m.wikipedia.org/wiki/%D0%A4%D0%B0%D0%B9%D0%BB:Orest_Kiprensky_-_%D0%9F%D0%BE%D1%80%D1%82%D1%80%D0%B5%D1%82_%D0%BF%D0%BE%D1%8D%D1%82%D0%B0_%D0%90.%D0%A1.%D0%9F%D1%83%D1%88%D0%BA%D0%B8%D0%BD%D0%B0_-_Google_Art_Project.jpg (дата обращения: 21.10.2019).

33. Колпакова О. В. Как учились на Руси. История образования в России. — М.: Белый город, 2009.

34. Кончаловский Пётр Петрович (1876–1956). Сирень в вазе на окне. — Режим доступа: свободный. — Текст. Изображение: электронные. — URL: https://www.flickr.com/photos/repolco/42010106021 (дата обращения: 20.10.2019).

35. Крамской Иван Николаевич (1837–1887). Портрет императрицы Марии Фёдоровны, 1881. — Режим доступа: свободный. — Текст. Изображение: электронные. — URL: https://ru.m.wikipedia.org/wiki/Файл:Maria_Feodorovna_by_Kramskoj.jpg (дата обращения: 20.10.2019).

36. Крамской Иван Николаевич (1837–1887). Портрет художника И. И. Шишкина, 1880: холст, масло. — Режим доступа: свободный. — Текст. Изображение: электронные. — URL: https://ru.m.wikipedia.org/wiki/%D0%A4%D0%B0%D0%B9%D0%BB:Iwan_Nikolajewitsch_Kramskoj_005.jpg (дата обращения: 21.10.2019).

37. Кузнецов А. Л. Из истории русской культуры: учебное пособие для иностранных граждан, изучающих русский язык / А. Л. Кузнецов, М. Н. Кожевникова, И. И. Дмитрова, О. С. Перелюбская. — 2-е изд., перераб. — М.: Русский язык. Курсы, 2009.

38. Кузнецов Николай Дмитриевич (1850–1929). Пётр Ильич Чайковский, 1893: холст, масло. — Режим доступа: свободный. — Текст. Изображение: электронные. — URL: https://de.wikipedia.org/wiki/Datei:Portr%C3%A4t_des_Komponisten_Pjotr_I._Tschaikowski_(1840-1893).jpg (дата обращения: 21.10.2019).

39. Кустодиев Борис Михайлович (1878–1927). Масленица, 1916: холст, масло. — Режим доступа: свободный. — Текст. Изображение: электронные. — URL: https://ru.m.wikipedia.org/wiki/%D0%A4%D0%B0%D0%B9%D0%BB:Maslenitsa_kustodiev.jpg (дата обращения: 21.10.2019).

40. Лампи Старший Иоганн Баптист (1751–1830). Портрет Екатерины II, 1794: холст, масло. — Режим доступа: свободный. — Текст. Изображение: электронные. — URL: https://ru.wikipedia.org/wiki/%D0%A4%D0%B0%D0%B9%D0%BB:Catherine_II_by_J.B.Lampi_(1794,_Hermitage).jpg (дата обращения: 15.10.2019).

41. Левитан Исаак Ильич (1860–1900). Золотая осень, 1895: холст, масло. — Режим доступа: свободный. — Текст. Изображение: электронные. — URL: https://ru.m.wikipedia.org/wiki/Файл:Levitan_Zolotaya_Osen.jpg (дата обращения: 20.10.2019).

42. Лингвокультурология: учеб. пособие для иностранных студентов / авт.-сост.: Э. Н. Дзайкос, К. В. Дьякова, Т. А. Дьякова, Ж. И. Жеребцова, Е. В. Захарова, С. В. Кончакова, А. С. Сашина, О. В. Толмачёва, М. В. Холодкова, Э. Е. Щербатюк; под общ. ред. Л. Е. Хворовой; Мин-во обр. и науки РФ, ФГБОУ ВПО «Тамбовский гос. ун-т им. Г. Р. Державина». — Тамбов: Издательский дом ТГУ им. Г. Р. Державина, 2015.

43. Маковский Александр Владимирович (1846–1920). Пасхальный стол. — Режим доступа: свободный. — Текст. Изображение: электронные. — URL: https://ru.wikipedia.org/wiki/Файл:Makovsky_Alexander_005.jpg (дата обращения: 20.10.2019).

44. Маковский Александр Владимирович (1846–1920). Русский пейзаж с церковью, 1900: холст, масло. — Режим доступа: свободный. — Текст. Изображение: электронные. — URL: https://ru.m.wikipedia.org/wiki/Файл:Makovsky_Alexander_004.jpg (дата обращения: 20.10.2019).

45. Марат Сафин. — [Электронный ресурс]. URL: https://www3.pictures.zimbio.com/gi/Western+Southern+Financial+Group+Masters+Day+IUpYFVXRTRxx.jpg (дата обращения: 26.02.2020).

46. Московкин Л. В., Сильвина Л. В. Русский язык: учебник. — СПб., 2006.

47. Музей «Дымковская игрушка». — [Электронный ресурс]. URL: http://dymkatoy.ru/Muzey.htm (дата обращения: 21.10.2019).

48. Мультипликационный фильм «Секрет матрёшки». — [Электронный ресурс]. URL: https://ok.ru/video/26817399453 (дата обращения: 21.10.2019).

49. Натье Жан-Марк (1685–1766). Портрет Петра I, 1717: масло, холст. — Режим доступа: свободный. — Текст. Изображение: электронные. — URL: https://ru.m.wikipedia.org/wiki/%D0%A4%D0%B0%D0%B9%D0%BB:Inconnu_d%27apr%C3%A8s_J.-M._Nattier,_Portrait_de_Pierre_Ier_(mus%C3%A9e_de_l%E2%80%99Ermitage).jpg (дата обращения: 21.10.2019).

50. Национальные дома народов Севера: чум, яранга и иглу. — [Электронный ресурс]. URL: http://www.remontpozitif.ru/publ/stroitelstvo/stroitelstvo_doma/nacionalnye_doma_narodov_severa_chum_jaranga_i_iglu/73-1-0-1475 (дата обращения: 21.10.2019).

51. Нестеров Михаил Васильевич (1862–1942). Портрет скульптора В. И. Мухиной, 1940: холст, масло. — Режим доступа: свободный. — Текст. Изображение: электронные. — URL: https://bg.m.wikipedia.org/wiki/%D0%A4%D0%B0%D0%B9%D0%BB:Mikhail_Nesterov_046.jpg (дата обращения: 21.10.2019).

52. Овечкин Александр. — [Электронный ресурс]. URL: https://sportwizard.ru/wp-content/uploads/2018/06/4-10.jpg (дата обращения: 26.02.2020).

53. Основы религиозных культур и светской этики. Основы мировых религиозных культур. 4–5 классы: учеб. пособие для общеобразоват. учреждений / [А. Л. Беглов, Е. В. Саплина, Е. С. Токарева, А. А. Ярлыкапов]. — М.: Просвещение, 2010. — [Электронный ресурс]. URL: http://old.prosv.ru/umk/ork/info.aspx?ob_no=20388 (дата обращения: 21.10.2019).

54. Пархоменко И. К. (1870–1940). Портрет В. И. Ленина, 1921. — Режим доступа: свободный. — Текст. Изображение: электронные. — URL: https://ru.wikipedia.org/wiki/%D0%A4%D0%B0%D0%B9%D0%BB:Lenin_V_I_1921_by_Parkhomenko.jpg (дата обращения: 21.10.2019).

55. Пенегина Ю. Семь особенных мест в русской избе. — [Электронный ресурс]. URL: http://russian7.ru/post/7-osobennyx-mest-v-russkoj-izbe/ (дата обращения: 21.10.2019).

56. Перов Василий Григорьевич (1833–1882). Портрет Ф. М. Достоевского, 1872: холст, масло. — Режим доступа: свободный. — Текст. Изображение: электронные. —

URL: https://ru.m.wikipedia.org/wiki/%D0%A4%D0%B0%D0%B9%D0%BB:Dostoevsk ij_1872.jpg (дата обращения: 21.10.2019).

57. Пётр и Феврония — история любви на все времена. — [Электронный ресурс.] URL: http://www.1tv.ru/shows/dobroe-utro/pro-lyubov/petr-i-fevroniya-istoriya-lyubvi-na-vse-vremena (дата обращения: 21.10.2019).

58. Петухова Е. Н. Россия и русские сегодня: учеб. пособие по русскому языку для иностранных студентов и стажёров. — СПб.: Изд-во СПбГУЭФ, 2001.

59. Плющенко Евгений. — [Электронный ресурс]. URL: https://biographe.ru/wp-content/uploads/2019/12/4324234-3-scaled.jpg (дата обращения: 26.02.2020).

60. Портрет М. В. Ломоносова. Копия Л. С. Миропольского с работы Г. К. фон Преннера (1720–1766), 1787: холст, масло. — Режим доступа: свободный. — Текст. Изображение: электронные. — URL: https://ru.wikipedia.org/wiki/%D0%A4%D0%B0%D0%B9%D0%BB: M.V._Lomonosov_by_L.Miropolskiy_after_G.C.Prenner_(1787,_RAN).jpg (дата обращения: 21.10.2019).

61. Поселения и жилища народов Сибири. — [Электронный ресурс]. URL: http://lib7.com/narody-sibiri/1563-poselenija-i-zhilischa-narodov-sibiri.html.

62. Религия. Наука. Жизнь. — [Электронный ресурс]. URL: http://fideviva.ru/simvoly-religij (дата обращения: 21.10.2019).

63. Репин Илья Ефимович (1844–1930). Портрет художника Василия Ивановича Сурикова, 1877: холст, масло. — Режим доступа: свободный. — Текст. Изображение: электронные. — URL: https://ru.m.wikipedia.org/wiki/%D0%A4%D0%B0%D0%B9%D0%BB:Su rikov_by_Repin.jpg (дата обращения: 21.10.2019).

64. Россиеведение: учеб. пособие / авт.-сост.: Е. В. Дубровина, Т. А. Дьякова, Ж. И. Жеребцова, И. Ю. Мизис, М. В. Холодкова, А. С. Щербак; под общ. ред. канд. пед. наук Ж. И. Жеребцовой. — Тамбов: Изд-во ТОИПКРО, 2018.

65. Русские народные праздники: пособие по специальности 520300 — Филология / сост. Л. В. Рыбачева. — Воронеж, 2003.

66. Русские пословицы и поговорки / под ред. В. Аникина. — М., 1988.

67. Русский народный промысел. — [Электронный ресурс]. URL: http://fb.ru/article/161076/russkiy-narodnyiy-promyisel-starinnyiy-russkiy-narodnyiy-promyisel-remesla-i-narodnyie-promyislyi (дата обращения: 21.10.2019).

68. Русский язык: учеб. пособие в 2 ч. для студентов-иностранцев подготовительного факультета. Ч. I / под общ. ред. проф. И. М. Поповой. — Тамбов, 2008.

69. Русский язык: учеб. пособие для студентов-иностранцев подготовительного факультета: в 2 ч. / Т. В. Попова, Л. В. Архипова, Т. П. Баркова, Т. В. Губанова, Н. Г. Посадская, Л. А. Шахова. — Тамбов, 2009. — Ч. 1.

70. Русское традиционное жилище. — [Электронный ресурс]. URL: https://ru.wikipedia.org/wiki/%D0%A0%D1%83%D1%81%D1%81%20D0%BA%D0%BE%D0%B5_%D1%82%D1%80%D0%B0%D0%B4%D0%B8%D1%86%D0%B8%D0%BE%D0%BD%D0%BD%D0%BE%D0%B5_%D0%B6%D0%B8%D0%BB%D0%B8%D1%89%D0%B5 (дата обращения: 21.10.2019).

71. Сайт о русском быте, народных традициях и обычаях в национальной культуре русского народа «Щи.ру»: Дымковская игрушка: народный промысел. — [Электронный ресурс]. URL: https://schci.ru/ (дата обращения: 21.10.2019).

72. Серов Валентин Александрович (1865–1911). Девочка с персиками. — Режим доступа: свободный. — Текст. Изображение: электронные. — URL: https://ru.m.wikipedia. org/wiki/Файл:Valentin_Serov_-_Девочка_с_персиками._Портрет_В.С.Мамонтовой_-_ Google_Art_Project.jpg (дата обращения 20.10.2019).

73. Соловьёв М. М. Золотые страницы русской культуры. Вып. 2. — 2-е изд., стереотип. — М.: Русский язык. Курсы, 2006.

74. Старинные традиционные жилища разных народов. — [Электронный ресурс]. URL: http://www.7gy.ru/shkola/okruzhajuschii-mir/945-starinnye-traditsionnye-zhilishcha-raznykh-narodov.html (дата обращения: 21.10.2019).

75. Страноведение России: учеб.-метод. пособие / сост. Е. С. Журавлёва. — Н. Новгород: Нижегородский госуниверситет, 2008.

76. Судаков Павел Фёдорович // Сайт художников Верхней Масловки и НП «Национальное художественное наследие «ИЗОФОНД». — [Электронный ресурс]. URL: http://www. maslovka.org/modules.php?name =Content&pa=showpage&pid=595 (дата обращения: 21.10.2019).

77. Суздаль: фильм-экскурсия. — [Электронный ресурс]. URL: https://www.youtube. com/ watch?v=Cj9vhIzowRA (дата обращения: 21.10.2019).

78. Суриков Василий Иванович (1848–1916). Переход Суворова через Альпы, 1899: холст, масло. — Режим доступа: свободный. — Текст. Изображение: электронные. — URL: https://ru.m.wikipedia.org/wiki/%D0%A4%D0%B0%D0%B9%D0%BB:Suvorov_crossing_ the_alps.jpg (дата обращения: 21.10.2019).

79. Титова Н. Жизнь в чуме, или Традиционные дома народов Севера. — [Электронный ресурс]. URL: https://dmrealty.ru/rubrics/uyut/zhizn-v-chume-ili-tradicionnye-doma-narodov-severa/ (дата обращения: 21.10.2019).

80. Топ-40 удивительных фактов о России // Moiarussia. [Электронный ресурс]. URL: moiarussia https://moiarussia.ru/top-50-udivitelnyh-faktov-o-rossii/.

81. Троице-Сергиева Лавра. Экскурсия по Троице-Сергиевой Лавре. — [Электронный ресурс]. URL: https://www.youtube.com/watch?v=YdhNU1v5YPM (дата обращения: 21.10.2019).

82. Тургенев И. С. Собр. соч.: в 10 т. Т. 10. — М., 1962.

83. Уникальный иллюстрированный толковый словарь пословиц и поговорок для детей / авт.-сост. С. Н. Зигуненко. — М.: АСТ: Астрель, 2010.

84. Федеральный закон от 29.12.2012 № 273-ФЗ (ред. от 01.05.2017, с изм. от 05.07.2017) «Об образовании в Российской Федерации». — [Электронный ресурс]. URL: http://www.consultant.ru/document/cons_doc_LAW_140174/ (дата обращения: 21.10.2019).

85. Филиппов Е. Традиционные религии России // Наш Филиппок. — [Электронный ресурс]. URL: http://www.filipoc.ru/rodina/traditsionnyie-religii-rossii. (дата обращения: 21.10.2019).

86. Формирование лингвокультурологических компетенций при обучении русскому языку как иностранному/неродному: учеб.-метод. пособие / авт.-сост.: Э. Н. Дзайкос, Ж. И. Жеребцова, Е. В. Захарова, И. Ю. Мизис, А. С. Сашина, М. В. Холодкова, Э. Е. Щербатюк. — Тамбов: Изд-во ТОИПКРО, 2016.

87. Фразеологизм «Сам по себе» // Словарь фразеологизмов. — [Электронный ресурс]. URL: http://frazbook.ru/ (дата обращения: 21.10.2019).

88. Худояров Василий Павлович (1831–1892). Император Пётр I за работой, холст, масло. — Режим доступа: свободный. — Текст. Изображение: электронные. — URL: https://ru.m.wikipedia.org/wiki/%D0%A4%D0%B0%D0%B9%D0%BB:Kaiser_Peter_I._der_Gro%C3%9Fe_bei_der_Arbeit.jpg (дата обращения: 21.10.2019).

89. Шарлемань Адольф Иосифович (1826–1901). Фельдмаршал Суворов на вершине Сен-Готарда 13 сентября 1799 года, 1855: холст, масло. — Режим доступа: свободный. — Текст. Изображение: электронные. — URL: https://ru.wikipedia.org/wiki/%D0%A4%D0%B0%D0%B9%D0%BB:Suvorov_Gotthard.jpg (дата обращения: 21.10.2019).

90. ШколаЛА. — [Электронный ресурс]. URL: http://shkolala.ru/proekty/religiya/osnovnyie-mirovyie-religii/ (дата обращения: 21.10.2019).

91. Штейбен Карл Карлович (1788–1856). Александр Суворов, 1815. — Режим доступа: свободный. — Текст. Изображение: электронные. — URL: https://ru.m.wikipedia.org/wiki/%D0%A4%D0%B0%D0%B9%D0%BB:Suvorov_by_Schteiben.jpg (дата обращения: 21.10.2019).

Вводный урок. Задание 5. Игра «Таланты»

1

Найдите в интернете фрагмент «Мне не поверили» из фильма режиссёра Никиты Михалкова «Свой среди чужих, чужой среди своих».

Никита Михалков — кинорежиссёр, сценарист, актёр, продюсер. Создал десятки фильмов, в том числе «Несколько дней из жизни Обломова», «Утомлённые солнцем», «Сибирский цирюльник», «12» и др.

2

Найдите в интернете фрагмент фильма-балета «Лебедь» (1975), где танцует Майя Плисецкая.

Майя Плисецкая — балерина, актриса, хореограф; сильная, яркая и талантливая женщина. Танцевала в балетах «Лебединое озеро», «Щелкунчик», «Жизель», «Спящая красавица» и др. Поставила балеты «Анна Каренина», «Раймонда», «Чайка», «Дама с собачкой».

3

Найдите в интернете стихотворение Александра Пушкина «Я вас любил...» (1829) в исполнении Михаила Козакова.

Александр Пушкин — русский поэт и писатель, драматург, основоположник современного русского литературного языка. Написал свыше 800 литературных произведений: стихотворений, поэм, повестей, роман в стихах «Евгений Онегин», драматические произведения, сказки.

4

Найдите в интернете изображения дворцово-паркового ансамбля «Царицыно», достроенного Матвеем Казаковым в 1786—1796 годах.

Матвей Казаков — русский архитектор, один из крупнейших представителей русской псевдоготики. Автор проектов Большого Царицынского дворца, Петровского путевого (подъездного) дворца в Москве, здания мэрии Москвы и др.

5

Найдите в интернете репродукции пяти картин художника Ивана Шишкина.

Иван Шишкин — художник-пейзажист, мастер реалистического изображения леса. Создал картины «Утро в сосновом лесу» (1889), «Рожь» (1878), «Дубовая роща» (1887) и др.

6

Найдите в интернете изображение монумента скульптора Веры Мухиной «Рабочий и колхозница».

Вера Мухина — скульптор-монументалист. Наиболее известный монумент — «Рабочий и колхозница». Создала много других скульптур и памятников советской эпохи.

7

Найдите в интернете песню «Течёт река Волга» в исполнении Людмилы Зыкиной.

Людмила Зыкина — певица, исполнительница русских народных песен, романсов, эстрадных песен. В репертуаре певицы было более двух тысяч произведений.

8

Найдите в интернете фрагмент из фильма «Кавказская пленница, или Новые приключения Шурика», где участвует актёр Юрий Никулин.

Юрий Никулин — артист цирка (клоун), цирковой режиссёр, киноактёр, телеведущий. Сыграл сотни разнохарактерных ролей. Например, в фильмах «Операция „Ы“ и другие приключения Шурика» (1965), «Бриллиантовая рука» (1968), «Когда деревья были большими» (1961) и др.

9

Найдите в интернете произведение композитора Сергея Рахманинова «Вокализ».

Сергей Рахманинов — композитор, пианист, дирижёр. Создал десятки произведений: концерты, оперы, симфонии, романсы, сонаты, сюиты, этюды и др. Синтезировал в своём творчестве принципы русской и западноевропейской музыки, создав свой оригинальный стиль.

10

Найдите в интернете фрагмент исполнения Денисом Мацуевым произведения «Прелюдия № 5 op. 23» С. Рахманинова.

Денис Мацуев — российский пианист-виртуоз. Выступает с оркестрами разных стран: США, Германии, Франции, Великобритании и др.

Вводный урок. Задание 6. Игра «Кто чем знаменит»

Михаил Ломоносов — Константин Циолковский — Юрий Гагарин — Александр Суворов — Пётр I Великий — Дмитрий Менделеев

Владимир Ленин

Фёдор Достоевский

Князь Владимир

Лев Толстой

Пётр Чайковский

Екатерина II

Николай II

Юрий Долгорукий

Василий Суриков

Михаил Козловский

Алексей Щусев

Фёдор Шаляпин

Галина Уланова

Сергей Бондарчук

Нонна Мордюкова

Александр Лодыгин

Александр Попов

Сергей Королёв

Русский и советский **АРХИТЕКТОР**, академик архитектуры. Построил множество зданий, храмов, реконструировал улицы, города, разрушенные войной. Создал проекты **Большого Москворецкого моста**, **мавзолея Ленина на Красной площади**, комплекса зданий **Казанского вокзала** в Москве, храма Христа Спасителя в Сан-Ремо и десятки других.

Русский **УЧЁНЫЙ**, **физик** и **электротехник**, профессор, **ИЗОБРЕТАТЕЛЬ РАДИО**. Изготовил один из первых в России рентгеновских аппаратов, первый прибор для регистрации электромагнитных излучений атмосферного происхождения — грозоотметчик (1895), первую радиотелефонную систему (1903).

Русский **ХУДОЖНИК**, мастер масштабных произведений живописи на **ИСТОРИЧЕСКИЕ ТЕМЫ**. Автор картин «Боярыня Морозова», «Степан Разин», «Утро стрелецкой казни», «Взятие снежного городка», «Покорение Сибири Ермаком Тимофеевичем», «Переход Суворова через Альпы», «Вид на Кремль».

Русский и советский **КОНСТРУКТОР** и **учёный**, работавший в области ракетной и ракетно-космической техники. **ОСНОВАТЕЛЬ ПРАКТИЧЕСКОЙ КОСМОНАВТИКИ**. Под его руководством был организован и осуществлён запуск первого искусственного спутника Земли и полёт в космос первого человека — Юрия Гагарина.

АРТИСТКА БАЛЕТА, ПЕДАГОГ. Самая титулованная **балерина** за всю историю русского балета, легенда советской сцены. В качестве педагога и члена жюри принимала участие в различных творческих фестивалях и международных конкурсах. Её ученики — звёзды балетного искусства: Николай Цискаридзе, Нина Семизорова, Ирина Прокофьева и десятки других артистов.

Легендарная советская и российская **АКТРИСА**. В своих ролях воплотила **ОБРАЗ ПРОСТОЙ РУССКОЙ ЖЕНЩИНЫ**. Входит в первую двадцатку выдающихся актрис ХХ века. На её счету более 50 кинокартин: «Молодая гвардия» (1948), «Чужая родня» (1955), «Русское поле» (1971) и др. В ноябре 2005 года именем этой актрисы была названа малая планета Солнечной системы.

Первый русский **УЧЁНЫЙ-ЕСТЕСТВОИСПЫТАТЕЛЬ** мирового значения, энциклопедист, химик, физик, астроном, приборостроитель, географ, металлург, геолог, поэт, филолог, художник, историк и генеалог. Разработал проект **Московского университета**, впоследствии названного в его честь.

КНЯЗЬ Ростово-Суздальский и великий князь Киевский. Считается **ОСНОВАТЕЛЕМ МОСКВЫ** и одним из главных «собирателей земель». Прославился способностью успешно вести сражения (битвы) даже в отдалённых землях Руси. Именно за это он и получил своё прозвище.

Русский и советский философ и **ИЗО-БРЕТАТЕЛЬ**, школьный учитель. **Основоположник теоретической КОСМОНАВТИКИ**. Многие его идеи были реализованы: ракеты для полётов в космос, искусственный спутник Земли, человек в космосе, человек в открытом космосе, орбитальные станции.

ИМПЕРАТОР, последний русский царь. Его правление было связано одновременно с экономическим развитием России и ростом революционного движения, которое перешло в революцию 1905–1907 годов и Февральскую революцию 1917 года, после чего он отрёкся (отказался) от престола.

РУССКИЙ ЦАРЬ. Первый российский император, выдающийся государственный деятель, реформатор, дипломат и полководец. **Основатель САНКТ-ПЕТЕРБУРГА.**

Великий **ПИСАТЕЛЬ**, известный во всём мире, просветитель, публицист, религиозный мыслитель. Наиболее известны такие произведения, как романы **«ВОЙНА И МИР»**, «Анна Каренина», «Воскресение», автобиографическая трилогия «Детство», «Отрочество», «Юность».

Русский **ПОЛКОВОДЕЦ, основоположник русской ВОЕННОЙ ТЕОРИИ**, национальный герой России. Из более чем 60 сражений не проиграл ни одного. Заботился о солдатах. Выработал свою систему воспитания и обучения войск.

Гениальный энциклопедист: **ХИМИК**, физик, экономист, технолог, геолог, метеоролог, воздухоплаватель, педагог. Среди наиболее известных открытий — **ПЕРИОДИЧЕСКИЙ ЗАКОН ХИМИЧЕСКИХ ЭЛЕМЕНТОВ**.

РЕВОЛЮЦИОНЕР, советский политический и государственный деятель. Создатель Российской социал-демократической рабочей партии (большевиков). Один из главных организаторов и руководителей Октябрьской революции 1917 года в России, **ОСНОВАТЕЛЬ СССР.**

Величайший русский **КОМПОЗИТОР**, педагог, **ДИРИЖЁР** и музыкальный критик. Его творчество заслужило признание, любовь и популярность во всём мире. Создал высочайшие образцы **опер, балетов, симфоний**, камерных произведений. Самые известные произведения — оперы «Евгений Онегин», «Пиковая дама», «Мазепа», «Черевички», «Чародейка», «Иоланта», балеты **«ЛЕБЕДИНОЕ ОЗЕРО»**, «Спящая красавица», «Щелкунчик».

Великий **КНЯЗЬ** Киевский. В 988 году принял **ХРИСТИАНСТВО** и обратил Русь в **ПРАВОСЛАВНУЮ ВЕРУ**. Князь-завоеватель, покорил многие земли. При нём Русь вступила в полосу своего расцвета и международного признания.

Оперный и камерный **ПЕВЕЦ**, в разное время **солист** Большого и Мариинского театров, а также театра Метрополитен Опера, **ПЕРВЫЙ НАРОДНЫЙ АРТИСТ РЕСПУБЛИКИ**. В 1918–1921 годах — художественный руководитель Мариинского театра. Соединил в своём творчестве вокальное и актёрское мастерство.

Советский **ЛЁТЧИК-КОСМОНАВТ**, Герой Советского Союза. 12 апреля 1961 года стал **ПЕРВЫМ ЧЕЛОВЕКОМ** в мировой истории, совершившим **ПОЛЁТ В КОСМОС**. Начиная с 12 апреля 1962 года этот день стал праздником — Днём космонавтики.

Русский **ПИСАТЕЛЬ**, мыслитель, **ФИЛОСОФ** и публицист. Автор произведений «Преступление и наказание» (1866), «Идиот» (1868), «Бесы» (1871–1872), «Подросток» (1875), «Братья Карамазовы» (1879–1880).

Российская **ИМПЕРАТРИЦА** с 1762 по 1796 год. Во время её правления границы Российской империи были значительно раздвинуты на запад, реформирована система государственного управления. В культурном отношении Россия безоговорочно вошла в число великих европейских стран.

Один из крупнейших **СКУЛЬПТОРОВ** русского **КЛАССИЦИЗМА**, академик и профессор Императорской Академии художеств. Он занимает одно из первых мест в истории русской **СКУЛЬПТУРЫ XVIII ВЕКА**. Его увлекают темы **подвига**, образы **героев** национальной истории. Им созданы памятник Суворову, «Самсон, раздирающий пасть льва», рельефы для Мраморного дворца в Петербурге и др.

Русский **ЭЛЕКТРОТЕХНИК**, один из **изобретателей ЛАМПЫ НАКАЛИВАНИЯ**. Создал серию новых моделей ламп накаливания, проекты электропечей, электромобилей, работал над проектом водолазного аппарата, водолазного скафандра.

Советский и российский **АКТЁР**, **КИНОРЕЖИССЁР**, сценарист, педагог. Обладатель премии «Оскар» за фильм «Война и мир» (1969). На его счету 40 актёрских и 9 режиссёрских работ, самые яркие из которых «Судьба человека», «Тихий Дон», «Они сражались за Родину».

Урок 4. Задание 10. Игра «Народные промыслы»

Карточки-слова «Народные промыслы»

Хохлома

Павловопосадский платок

Жостовский поднос

Елецкое кружево

Дымковская игрушка

Кубачинское серебро

Финифть

Гжель

Урок 6. Задание 12. Игра «Интересные факты о городах Золотого кольца России»

Ярославль	Суздаль
Сергиев Посад	Кострома
Переславль-Залесский	Ростов Великий
Владимир	Иваново

В этом городе нет ни одного здания выше трёх этажей.

В этом городе находится «нулевой километр» Золотого кольца России. На чугунной колонне XIX века установлен памятный знак, на котором указаны все города маршрута и расстояние до них.

В этом городе ежегодно в августе проходит фестиваль фейерверков «Серебряная ладья», который несколько раз удостаивался звания лучшего пиротехнического представления в России.

В советское время этот город назывался Загорск.

В этом городе проходили съёмки известного фильма-комедии Леонида Гайдая «Иван Васильевич меняет профессию» по пьесе Михаила Булгакова.

Во время правления Петра I в этом городе находился тренировочный полигон для моряков, так называемая потешная флотилия. На Плещеевом озере проходили имитации морских боёв, в которых использовались уменьшенные копии кораблей.

На площадке между тремя университетскими корпусами в этом городе установлена «хрустальная туфелька» высотой три метра, которая символизирует город невест.

В этом городе сохранилось более 230 памятников архитектуры XVIII–XIX веков.

Урок 8. Задание 15. Игра 1 «Блюда русской кухни», игра 2 «Что перепутал повар?»

вода	соль
сахар	мясо
яблоки	варёные яйца
квашеная капуста	солёные огурцы
рыба	мясной фарш
свёкла	капуста
морковь	лук
квас	огурцы

помидоры	картофель
овощи	рис
гречка	перловая крупа
крупа	мука
растительное масло	сливочное масло
яйца	сметана
сухофрукты	мёд
варенье	тесто

Новый год

Рождество

Масленица

8 Марта

Пасха

9 Мая

университет	институт
академия	техникум
колледж	училище
гимназия	лицей
школа	детский сад

Урок 17. Задание 21. «Проблемы и решения»

Проблемы

> Во время подготовки к экзаменам меня отвлекают сообщения в телефоне.

> Я плохо пишу тесты, хотя хорошо знаю теорию.

> Мне не хватает времени выучить все вопросы, потому что я особенно долго учу некоторые темы.

> Мне трудно запомнить большой объём информации.

> На экзамене я надеюсь списать ответы.

> Я не могу выучить большое количество вопросов за 1 день.

Решения

> Отключайте звук в своём телефоне, когда готовитесь к экзамену.

> Решайте много типовых тестов.

> Выделяйте на каждый вопрос определённое время.

> Составляйте ассоциограммы или план ответа, чтобы запомнить информацию.

> Не надейтесь списать на экзамене. За списывание вас могут удалить с экзамена. Лучше найдите время на подготовку к экзамену.

> Не откладывайте подготовку к экзамену на последний день.

Урок 18. Задание 19. Игры «Узнай памятник по трём подсказкам», «Три вопроса», «Поиск названия памятника», «Факты».

Памятник Петру I в Москве

Памятник Екатерине II в Санкт-Петербурге

Памятник Ж. И. Алфёрову в Санкт-Петербурге

Памятник Д. И. Менделееву в Тобольске

Памятник С. А. Есенину на Есенинском бульваре в Москве

Памятник С. В. Рахманинову на Страстном бульваре в Москве

Памятник П. И. Чайковскому у Московской консерватории

Памятник И. Е. Репину на Болотной площади в Москве

Памятник В. И. Сурикову на Пречистенке в Москве

Памятник В. И. Вернадскому в Тамбове

Итоговый урок. Задание 3. Квест «Собери послание»

Станция **Музыка и хореография** *Задание:* Назовите имена известных русских композиторов (фрагмент послания № 8)	**Станция** **Искусство русского слова** *Задание:* Назовите имена известных русских поэтов и писателей (фрагмент послания № 14)
Станция **Русская живопись** *Задание:* Вспомните названия двух картин русских живописцев (фрагмент послания № 7)	**Станция** **Народные промыслы России** *Задание:* Назовите четыре русских промысла (фрагмент послания № 12)
Станция **Религии России** *Задание:* Назовите религии, распространённые в России (фрагмент послания № 9)	**Станция** **Золотое кольцо России** *Задание:* Назовите города Золотого кольца (фрагмент послания № 4)
Станция **Быт народов России** *Задание:* Вспомните названия трёх жилищ народов России (фрагмент послания № 1)	**Станция** **Русская национальная кухня** *Задание:* Назовите как можно больше блюд русской кухни (фрагмент послания № 11)
Станция **Русский характер** *Задание:* Назовите три типичные черты характера русского человека (фрагмент послания № 3)	**Станция** **Праздничные традиции россиян** *Задание:* Назовите пять российских праздников (фрагмент послания № 10)
Станция **Современная российская семья** *Задание:* Расскажите об одной из семейных традиций в России (фрагмент послания № 13)	**Станция** **Образование в России** *Задание:* Назовите высшие учебные заведения (фрагмент послания № 2)
Станция **Памятники великим людям России** *Задание:* Назовите пять памятников великим людям России (фрагмент послания № 6)	**Станция** **Семь чудес России** *Задание:* Назовите как можно больше чудес России (фрагмент послания № 5)

Фрагменты послания

Добро пожаловать в Россию! (1)

В России можно получить образование (2)

познакомиться с интересными людьми (3)

путешествовать (4)

посмотреть удивительные места (5)

увидеть памятники великим людям (6)

посетить музеи (7)

консерватории (8)

узнать о духовном мире русских людей (9)

отметить русские праздники (10)

попробовать блюда русской кухни (11)

купить русские сувениры (12)

Мы (13)

ждём вас в России! (14)

Содержание

QR-код и ссылка для скачивания аудиофайлов
https://rus-lang.ru/audio/02-03-2020/yroki.zip

Следите за новинками издательства в социальных сетях:

https://vk.com/public131540114   https://facebook.com/ruskursy/?ref=bookmarks

ОНЛАЙН-ПРИЛОЖЕНИЕ
К УЧЕБНОМУ ПОСОБИЮ

Н.В. Баско

АЛЛО! АЛЛО!

Учебное пособие
для иностранных учащихся

Учебное пособие адресовано иностранным студентам, которые изучают русский язык и продолжают совершенствовать свои знания. Стартовый уровень русского языка иностранных учащихся для работы по учебному пособию — В1.

Пособие состоит из трёх глав, в каждой из которых представлены: этикетные выражения и речевые стереотипы современного телефонного разговора; диалоги, иллюстрирующие телефонный разговор в типичных ситуациях общения; задания, направленные на развитие восприятия и понимания аутентичных телефонных текстов и на самостоятельное построение высказываний по телефону.

В конце пособия помещено приложение — «Краткий словарь молодёжного жаргона», который включает слова и выражения, типичные для речи молодёжи при неформальном общении и часто используемые в разговорах по телефону.

Учебное издание

О РОССИИ ПО-РУССКИ

Учебное пособие для иностранных студентов

Редактор *В. С. Фавстова*
Корректор *О. Ч. Кохановская*
Вёрстка *М. А. Гольдман*
Текст читают *Д. Евстратов, П. Смирнов*

Формат 64×108/16. Объём 15,5 п. л. Тираж 1000 экз.
Подписано в печать 05.03.2020. Заказ № 170.

Издательство ООО «Русский язык». Курсы
107078, г. Москва, Новая Басманная ул., д. 19, стр. 2
Тел./факс: +7(499) 261-12-26, тел.: +7(499) 261-54-37
E-mail: russky_yazyk@mail.ru; ruskursy@mail.ru;
ruskursy@gmail.com; rkursy@gmail.com;
Сайт издательства: www.rus-lang.ru

В оформлении книги были использованы изображения,
предоставленные агентствами Pixabay, Firestock, Unsplash

Отпечатано в полном соответствии с качеством
предоставленного электронного оригинал-макета
в АО «Областная типография «Печатный двор»
432049, г. Ульяновск, ул. Пушкарёва, 27.